W0264621

Devenir franchisé ou lancer une franchise

3e édition

Chantal Zimmer

www.vuibert.fr

Collection Guid'Utile

Devenir franchisé ou lancer une franchise, 3e édition

par Chantal Zimmer

© Vuibert – février 2011

5 allée de la 2e DB – 75015 Paris

ISBN 978-2-7117-6463-1

Aussi soigneusement établi soit-il, ce guide peut ne pas inclure des modifications de dernière minute et comporter quelques erreurs ou omissions. Faites-nous part de vos remarques et n'hésitez pas à nous proposer vos découvertes personnelles : les courriers de nos lecteurs sont lus avec grande attention.

Conformément à une jurisprudence constante, les erreurs ou omissions involontaires qui auraient pu subsister dans ce guide, malgré nos soins et nos contrôles, ne sauraient engager la responsabilité de l'Éditeur.

Maquette de couverture : HD Design

Assistante d'édition : Élisabeth Duchon

Responsable éditoriale : Caroline Roucayrol

La loi du 11 mars 1957 n'autorisant aux termes des alinéas 2 et 3 de l'article 41, d'une part, que les « copies ou reproductions strictement réservées à l'usage privé du copiste et non destinées à une utilisation collective » et, d'autre part, que les analyses et courtes citations dans un but d'exemple et d'illustration, « toute représentation ou reproduction intégrale, ou partielle, faite sans le consentement de l'auteur ou de ses ayants droit ou ayants cause, est illicite » (alinéa 1er de l'article 40).

Cette représentation ou reproduction, par quelque procédé que ce soit, constituerait donc une contrefaçon sanctionnée par les articles 425 et suivants du Code pénal.

Le « photocopillage », c'est l'usage abusif et collectif de la photocopie sans autorisation des auteurs et des éditeurs. Largement répandu dans les établissements d'enseignement, le « photocopillage » menace l'avenir du livre, car il met en danger son équilibre économique. Il prive les auteurs d'une juste rémunération.
En dehors de l'usage privé du copiste, toute reproduction totale ou partielle de cet ouvrage est interdite. Des photocopies payantes peuvent être faites avec l'accord de l'éditeur.

DANGER LE PHOTOCOPILLAGE TUE LE LIVRE

S'adresser au Centre français d'exploitation du droit de copie : 20 rue des Grands Augustins, F-75006 Paris. Tél. : 01 44 07 47 70

SOMMAIRE

Introduction

La franchise se développe en France depuis les années soixante. Elle comptait, fin 2010, plus de 1470 réseaux actifs dans tous les secteurs d'activité (commerce de détail aussi bien que services) et 56000 établissements en franchise. À partir d'un principe simple (un commerçant sous enseigne autorise par contrat un autre commerçant indépendant à développer son savoir-faire sous la même enseigne et donc à réitérer sa réussite), la franchise a pleinement participé à la modernisation de l'économie, du commerce et des services en France ainsi qu'à la professionnalisation des créateurs d'entreprise. Elle continue sur sa lancée en proposant de nouveaux modes de management, en contribuant à la redynamisation des centres villes, en facilitant le projet de nombreux créateurs d'entreprises et en aidant les enseignes françaises à s'exporter à l'international.

La franchise, stratégie commerciale, évolue avec son temps. Elle a pleinement adopté les nouvelles technologies (sites Internet, création de trafic, fidélisation et marketing, etc.). Elle s'adapte aussi constamment aux besoins et aux attentes d'un client de plus en plus exigeant et versatile – et cela d'autant mieux que les franchisés sont des commerçants indépendants de terrain, particulièrement soucieux de leur impact et de leurs performances. Elle est en outre de plus en plus sensible à la vague de fond du développement durable.

Aussi devient-elle, au moment où l'économie de la France continue à se libéraliser, un outil indispensable au plein épanouissement de son potentiel. Le modèle de la franchise est particulièrement adapté à ce début de XXIe siècle, qui doit garder l'équilibre entre croissance et respect des ressources de la planète. Les réseaux de franchise sont, par nature, innovants, adaptés au plan local, rationnels; ils ne prospèrent que si leurs différents composants – franchiseurs, franchisés, animateurs – dialoguent et partagent les informations, tant locales que nationales. Le créateur d'entreprise qui opte pour la franchise peut ainsi allier indépendance et esprit de réseau, épanouissement, enrichissement personnel et participation à une œuvre collective.

Nous rencontrons, au fil des activités de la Fédération française de la franchise, de nombreux actifs – salariés du privé ou de la fonction publique, commerçants, travailleurs indépendants –, taraudés par l'envie de transformer leur quotidien. Les salariés veulent « travailler pour eux », les indépendants dynamiser leur affaire. Nous rencontrons aussi des innovateurs qui veulent développer leur concept intelligemment. Pourquoi n'ont-ils pas franchi le pas ? Parce qu'à leur volonté de créer, de se développer, manque parfois un simple déclic, une mise en perspective qui leur fasse comprendre que leur projet est possible. Ce déclic, ce peut être une rencontre avec un entrepreneur en franchise, un conseil, un salon, la lecture d'une interview, la consultation d'un site Internet. Ce peut être aussi, nous l'espérons, un ouvrage comme celui-ci, dans lequel nous avons voulu exposer les principes, les grandes étapes et les évolutions les plus récentes de la création d'entreprise en franchise.

POURQUOI DEVENIR FRANCHISÉ ?

1

1. LA FRANCHISE, L'UNE DES FORMES DU COMMERCE ASSOCIÉ

Pour se développer, une enseigne a le choix entre deux stratégies :

- la succursale (magasin, point de vente ou centre), qui appartient à l'enseigne, tête de réseau, et est gérée par un directeur de magasin ou un gérant ;
- le point de vente en commerce associé, magasin qui appartient à un commerçant indépendant dont les capacités commerciales sont ainsi associées à une synergie de réseau.

Le commerce associé peut prendre plusieurs formes :

- La **coopérative** qui est un système permettant à des détaillants de se réunir au sein d'un groupement de commerçants indépendants. Le coopérateur est un client de la coopérative qui utilise les services de celle-ci dans le cadre d'une relation contractuelle du type client/fournisseur. Il est également un associé de la coopérative, un coopérateur, qui, en tant que propriétaire, assume une partie des risques. Tous les associés ont le même droit de vote en vertu de la règle « un homme, une voix ».
- La **concession** qui est un système de distribution *via* lequel un concédant accorde à un concessionnaire la possibilité de vendre ses produits en lui assurant l'exclusivité de revente sur une zone géographique déterminée, pendant une période donnée.

- La **franchise** où le contrat passé entre la tête de réseau et le créateur d'entreprise, qui deviendra commerçant indépendant, concerne l'enseigne, mais aussi le savoir-faire que le franchiseur transmet à son franchisé, l'assistance et le suivi; ce qui n'exclut pas que le contrat puisse contenir des clauses d'exclusivité territoriale.

La franchise, dont le modèle repose sur la réitération d'un concept dont le succès est avéré, est en fait la forme la plus élaborée du commerce associé. C'est également la seule forme dans laquelle les règles du jeu (à savoir le rôle et les responsabilités respectifs du franchiseur et du franchisé) sont précisément définies dans le cadre d'un code de déontologie.

La franchise à elle seule peut recouvrir plusieurs formes:

- La **multifranchise** – un franchisé détient plusieurs points de vente d'une enseigne qui se développe en franchise.
- La **plurifranchise** – le franchisé détient plusieurs points de vente d'enseignes différentes qui se développent en franchise.
- Le **franchise corner** ou **franchise de stand** – on aménage dans un point de vente, qui n'a pas forcément de rapport avec le concept de la franchise, un espace spécifique dans lequel un franchisé vendra les produits ou les services selon le concept du franchiseur.
- La **master franchise** – Elle est très largement utilisée dans le développement à l'international d'une enseigne. Le rôle du master franchisé est, dans un premier temps, de tester le concept du franchiseur dans le pays de destination, puis, une fois les adaptations nécessaires effectuées et validées par le franchiseur, de développer l'enseigne par le biais de la franchise.

Le futur entrepreneur entendra souvent parler, en plus de ces formules, d'autres types d'association:

1

- La **commission-affiliation** – essentiellement utilisée dans le secteur de l'habillement et du textile, elle consiste à centraliser la gestion des stocks du réseau de commercialisation tout en développant, dans le cadre d'un concept fort à l'égard de la clientèle, la transmission d'un savoir-faire et d'une assistance, lorsqu'il s'agit de franchise.
- L'**affiliation** et le **partenariat** – termes très vagues, ils peuvent recouvrir toutes sortes de contrats et offrent des garanties très variables.
- Enfin, un **contrat de location-gérance** peut être signé en parallèle du contrat de franchise. Lorsque les investissements de base sont lourds (c'est souvent le cas dans le secteur de l'hôtellerie et de la restauration), le franchiseur peut rester propriétaire du fonds de commerce et en confier la gestion au franchisé par le biais d'un contrat de location-gérance, qui n'est pas contradictoire avec le statut de commerçant indépendant du franchisé.

Attention !

Le contrat est un élément essentiel que le futur franchisé doit lire avec soin, avec l'aide d'un juriste spécialisé. Les publicités du franchiseur et, bien souvent, les articles que la presse lui consacre, peuvent mentionner une forme de développement (franchise, concession, partenariat...) que le contrat dément ou précise.
Ces différentes formules entraînent chacune un type d'engagement intellectuel et professionnel, d'investissement financier, de management de réseau, de garantie et d'accompagnement différents; leur point commun est cependant d'associer, par un contrat et pour une durée donnée, une enseigne et un commerçant indépendant, propriétaire de son affaire. Et ce commerçant, ce peut être vous...

2. DEVENIR FRANCHISÉ : UN PROJET DE CARRIÈRE OU UN INVESTISSEMENT ?

Que faut-il pour devenir franchisé ? Une forte motivation, un capital (variable selon le secteur d'activité), un talent commercial ou financier, voilà les trois critères le plus souvent mis en avant par les recruteurs des réseaux de franchise.

À noter

Le facteur humain joue, dans la franchise, un rôle important. Si le contrat de franchise est bel et bien un contrat commercial, il est aussi souvent le reflet d'une rencontre réussie entre le franchisé et le franchiseur, chacun ayant son mot à dire. Le franchisé y investit son énergie et son argent, le franchiseur son enseigne et son savoir-faire. Le contrat de franchise est aussi, comme le montre dans ses travaux de thèse la chercheuse Odile Chanut (Université de Savoie), un «contrat psychologique».

La plupart des franchisés ont quelques années d'activité professionnelle derrière eux comme commerçants ou actifs indépendants isolés, salariés dans une entreprise ou dirigeants. Bon nombre d'entre eux ne sont pas des professionnels du nouveau métier que la franchise de leur choix va leur fournir.

À ces actifs expérimentés, la franchise peut apporter trois choses :

- une nouvelle carrière dans un secteur d'activité auquel leur formation ou leur expérience ne les prédisposait pas forcément ;
- un investissement intéressant (les franchisés n'ont tous pas envie de tenir un magasin) ;
- ou une combinaison des deux – la plupart des réseaux comptent au moins un franchisé qui, à un premier point de vente, ajoute d'autres franchises de la même enseigne… ou d'une autre enseigne, dont l'activité est souvent complémentaire

1

(par exemple, cas de figure fréquent, un centre auto associé à une agence de location automobile, une boulangerie associée à un magasin de fleurs).

Alors, s'investir... ou investir? Les deux motivations ne sont pas contradictoires. Au cours de sa carrière de commerçant indépendant, le franchisé connaîtra souvent ces trois cas de figure: commencer par concevoir la franchise comme un placement, puis s'investir dans le développement de son ou de ses magasins, se lancer dans la multifranchise... et parfois – mais c'est une autre histoire – devenir franchiseur...

3. LES AVANTAGES DE LA FRANCHISE

Si vous avez la motivation, le talent commercial et le capital nécessaire, pourquoi vous tourner vers la franchise? Pourquoi ne pas vous lancer dans la création d'une entreprise en indépendant isolé? La réponse tient en trois mots: savoir-faire, notoriété, solidité.

Le franchisé rejoint une enseigne dont le savoir-faire est déjà construit et testé, parfois depuis de longues années. Le contrat qu'il signe avec la tête de réseau lui garantit l'utilisation de ce savoir-faire durant toute la durée de son contrat.

Le savoir-faire peut concerner les produits vendus, les services rendus, la façon de commercialiser produits et/ou services, le cadre de la vente, les relations avec le consommateur, le service après-vente... Il constitue le cœur du métier que propose le franchiseur à ses franchisés et à sa clientèle. Il concerne également l'utilisation croissante des nouvelles technologies dans la relation avec le consommateur et avec le franchiseur. Le savoir-faire du bon franchiseur possède trois caractéristiques: il est original, il est secret (de manière à ne pas être reproduit par une enseigne sans scrupule ou sans imagination) et il est substantiel. Il doit en outre procurer un avantage concurrentiel au franchisé. On reviendra plus longuement sur le savoir-faire dans le chapitre 3 p. 57.

Le savoir-faire est essentiel à la franchise. Évitez l'enseigne qui vous propose un concept « déjà vu » ou si simple qu'il est facile à imiter ou celle qui n'investit pas sur la recherche et le développement ou sur la formation initiale et continue...

La notoriété n'est pas une qualité nécessaire à la franchise, c'est un plus. Lorsque l'enseigne a une longue histoire, lorsqu'elle est bien connue (ce que les enseignes elles-mêmes cherchent à mesurer par des enquêtes de notoriété dite « spontanée »), ou lorsqu'elle s'est implantée en France par le biais d'un lancement publicitaire efficace et soutenu, le bénéfice en rejaillit sur les franchisés. La clientèle est attirée par une enseigne, des produits et des services qu'elle connaît déjà : soit parce qu'elle les a testés ailleurs, soit parce qu'elle en a entendu parler. Mais la notoriété peut être une arme à double tranchant : un réseau de franchise – et plus généralement une enseigne – peut pâtir d'un incident ou d'une crise de communication consécutif à un événement ou à une rumeur... Une enseigne peu connue (le cas de la plupart des enseignes qui se lancent, mais aussi de nombre d'enseignes travaillant dans le domaine de l'inter-entreprise) peut cependant proposer un savoir-faire de qualité ; et la notoriété ne garantit rien quant au savoir-faire.

La franchise s'avère enfin un moyen d'entreprendre beaucoup plus sûr que la création d'un commerce « hors réseau ». Si l'investissement apparemment est plus lourd, le savoir-faire et la notoriété de l'enseigne, alliés à un solide accompagnement (formation, suivi, conseils prodigués au franchisé), fournissent au franchisé une certaine protection relative. Cette protection est relative, bien sûr, car le commerce n'est jamais une aventure sans risque. Une enquête menée en 1990 indiquait un taux de faillite de 15 % parmi les commerçants franchisés, contre plus de 50 % parmi les indépendants isolés.

On ajoutera encore qu'en rejoignant un réseau, le commerçant franchisé bénéficie d'une dynamique de mieux en mieux mise en valeur par les franchiseurs. Aux formations proposées, aux facilités d'approvisionnement et d'achat, à la communication avec le siège, franchiseurs et franchisés ont ajouté des lieux de discussion et de rencontre : conventions, diffusion de meilleures pratiques, soutien et formation par le biais d'Internet, animation du réseau. Le franchisé est bien indépendant, mais il n'est pas seul.

4. LES EXIGENCES DE LA FRANCHISE

Stratégie souvent fructueuse pour le commerçant franchisé, la franchise n'en est pas moins une stratégie exigeante. On peut même dire que plus le concept proposé à la franchise est riche et intéressant, plus il est exigeant.

Il existe plusieurs raisons à cela. Tout d'abord, un bon concept de franchise est un concept dont le savoir-faire demande une grande fidélité de reproduction en même temps qu'une grande intelligence quant à la marge de manœuvre autorisée.

Aucune clientèle ne ressemble tout à fait à une autre. Les clientèles varient d'un pays à l'autre, d'une région à l'autre, d'une ville à l'autre, d'une rue à l'autre. Le succès de la franchise démontre à l'envi que ce qui peut plaire en Indonésie ou au Venezuela peut tout aussi plaire en France, que ce qui marche dans les quartiers nord de Marseille peut également marcher à Versailles. Toutefois, derrière le comptoir, il faut quelqu'un qui saura appliquer le concept et le faire aimer à une clientèle qui n'est jamais conquise à l'avance. Non seulement il faut séduire le chaland – c'est la base même du commerce – mais encore faut-il le faire dans un cadre imposé, avec des produits que l'on ne choisit pas et des méthodes que l'on n'a pas mises au point personnellement ; même s'il est vrai que ce cadre, ces produits, ces services, ces méthodes, on les a choisis par contrat et on les a payés.

Le respect du concept est la première exigence de la franchise. L'attractivité de la franchise pour un consommateur potentiel, c'est bel et bien de proposer aux quatre coins du monde – ou du moins dans tous ses points de vente – un service qualitativement et quantitativement homogène. Le bon franchiseur, par le biais de son savoir-faire, fournit à son franchisé tous les moyens lui permettant d'offrir ce service. Le franchisé n'achète pas « une bonne affaire qui va rapporter », mais un savoir-faire qu'il va exploiter au mieux et qui doit donc l'enrichir.

Comment le franchiseur peut-il se rendre compte si cette exigence fondamentale de la franchise est bien respectée par le franchisé ?

Il peut recevoir des plaintes ou des remarques de clients : tel franchisé ne propose pas tel produit ou le présente mal, ou ne respecte pas les promesses de l'enseigne – promesses souvent rendues publiques par le biais de campagnes de publicité nationales. Les remontées de « clients mystères », faux clients envoyés par l'enseigne, d'associations de consommateurs et de journalistes, dans certains cas, viennent amplifier le mécontentement ou l'étonnement des clients.

Au cours de visites ou de réunions, les animateurs du réseau de franchise peuvent également déceler des manquements. Ceux-ci ne sont pas nécessairement volontaires : ils peuvent venir, de la part du franchisé, d'un défaut de formation ou de compréhension du concept, ou d'une inadaptation manifeste du concept à la zone de chalandise où il est exploité. Chez les franchiseurs avisés, ces défauts sont repérés dès les premiers contacts.

Le non-respect du concept de franchise peut également provenir du franchiseur lui-même : savoir-faire mal formalisé, manuel opératoire incompréhensible ou difficilement applicable, formation insuffisante ou inadéquate. Encore une fois, le futur franchisé doit mettre la qualité du savoir-faire au premier rang de ses critères de choix.

Le franchiseur, lui, a d'autres exigences envers son franchisé : contractuelles, financières et liées à la communication.

- **Des exigences contractuelles** – il s'agit du respect du concept et de règles diverses, d'engagements sur la qualité, de la présence aux sessions de formation…, exigences que l'on retrouvera bien sûr formalisées dans les clauses du contrat (nous y reviendrons au chapitre 3).
- **Des exigences liées à la communication et à la transparence** – le contrat prévoit, la plupart du temps, que le fran-

chisé fournisse régulièrement à son franchiseur des chiffres: chiffres d'affaires, données sur les stocks, les achats, les ventes, les bénéfices… La transparence concernant le chiffre d'affaires est une évidence: la très grande majorité des franchiseurs font payer à leurs franchisés des redevances calculées mensuellement ou annuellement sur leurs chiffres d'affaires. On imagine mal alors que le franchisé puisse être tenté de garder secrets ces chiffres. La transparence sur les données relatives aux stocks, sur le nombre de repas servis, etc., importe également. D'une part le franchisé a passé un contrat avec un réseau, acceptant par là même les modes d'approvisionnement et les instruments de gestion de ce réseau, surtout s'ils font partie du savoir-faire. D'autre part, la communication sur ces données fait partie, pour un nombre grandissant de réseaux, d'une mise en valeur des performances des magasins de leur réseau, outil efficace d'animation et de dynamisation. Les performances sont ensuite publiées dans les outils de communication interne (lettres, sites intranet, messageries…) et permettent au commerçant franchisé de mesurer ses résultats à l'aune du réseau. En outre, nombre de franchiseurs font de la logistique l'un des piliers de leur savoir-faire et de leur avantage concurrentiel. La qualité de l'information transmise par le franchisé influe directement sur les services logistiques (livraisons, assortiments, retours) que le franchiseur lui propose…

- **Des exigences financières** – elles sont de plusieurs ordres:
  - dans la grande majorité des cas, un **droit d'entrée**, qui peut varier de quelques milliers d'euros à 100000 €, la plupart des droits d'entrée se situant cependant dans une fourchette allant de 7500 à 20000 €;
  - dans la grande majorité des cas aussi, une **redevance directe**, exigible annuellement. Elle est soit fixe (c'est assez rare), soit liée au chiffre d'affaires ou – cas fréquent dans l'hôtellerie – au nombre de prestations réalisées, à la surface du magasin ou aux capacités diverses du lieu de vente

(le nombre de chambres, par exemple). La redevance liée au chiffre d'affaires peut être dégressive (par exemple, 5 % jusqu'à 30 K€ par mois, puis 4 % au-delà) ou progressive, ce qui est beaucoup plus rare. Elle est également très variable;

- parfois des **redevances indirectes**, celle pour la publicité nationale ou locale étant la plus fréquente. Il existe aussi des redevances liées aux prestations de formation ou de réservation assurées par l'enseigne. Là aussi, nulle autre règle que celle de l'équilibre, du bon sens, de la rentabilité et de l'attractivité ne prévaut pour le futur franchisé.

Que penser d'un franchiseur qui ne demande ni droit d'entrée, ni redevance? Il se peut que le concept ne vaille littéralement rien et que le «franchiseur» ne le soit que de nom. Mais si le concept de ce franchiseur «gratuit» est sérieux et de bonne qualité, il est étonnant qu'il soit mis à la disposition de futurs franchisés pour rien. Deux explications sont possibles.

Dans la première hypothèse, le franchiseur ne donne rien en retour à son franchisé: aucune formation, ni suivi, ni animation de réseau (attention, ce sont des activités coûteuses!). Est-il vraiment franchiseur en ce cas? Comment pense-t-il transmettre son concept à ses futurs franchisés s'il ne les forme pas ni ne les conseille, ni ne les accompagne?

Dans la deuxième hypothèse, la plus fréquente, le franchiseur finance les services rendus par des marges sur les produits qu'il vend à ses franchisés: des produits destinés à la revente et/ou des produits effectivement nécessaires à l'application du savoir-faire. Dans le cas de la commission affiliation, le franchisé est rémunéré par une commission sur les ventes et ne paie pas de redevances directes à son franchiseur. Certains franchiseurs peu scrupuleux ont pu se financer sur des produits d'équipement… des caisses enregistreuses, matériaux d'aménagement du magasin, etc. La jurisprudence a tranché en faveur des franchisés.

1

Attention !

Le futur franchisé sera doublement vigilant concernant les concepts où, en apparence, tout est gratuit. Il se souviendra avant tout que la franchise, contrairement au loto (réussite dans un cas sur plus de quatorze millions, certes...), n'est pas « une affaire qui ne coûte rien et peut rapporter gros sans aucun effort ». C'est bel et bien une entreprise commerciale de qualité, qui demande compétence, capitaux, énergie et talent.

5. LE STATUT DU FRANCHISÉ

Le commerçant franchisé a donc plusieurs casquettes :

- Il est, d'une part, **commerçant indépendant** à part entière. Il dispose à ce titre d'une structure juridique (de la SA à l'EURL ou à l'entreprise personnelle) et est propriétaire de son fonds de commerce ; même si quelques réseaux de franchise où les investissements sont particulièrement lourds acceptent des adaptations à ce statut et admettent parfois la location-gérance.
  Cette facette de l'entreprise franchisée demande une première série d'investissements (achat du droit au bail, création et gestion de l'entreprise, embauche de personnel le cas échéant) et a pour conséquence une première série de responsabilités très diverses, et de poids inégal, vis-à-vis de la clientèle, des pouvoirs publics, des organismes sociaux, du tissu commerçant local...
- Le commerçant franchisé est aussi un **commerçant « sous contrat »**, ce qui entraîne une nouvelle série d'investissements (aménagement du magasin, constitution de stocks...), et une nouvelle série de responsabilités vis-à-vis de l'enseigne, dont il est l'*ambassadeur*, également diverses, comme on l'a vu.

- Certaines professions, franchisées ou non, sont en outre soumises à **des règlements**, à **des obligations** ou à des ***numerus clausus***.
  L'obligation d'avoir un diplôme ou une carte professionnelle pour exercer (opticiens, coiffeurs, agents immobiliers...) est la plus fréquente. Avec le développement de la franchise dans des métiers qui ne lui étaient guère ouverts (pharmacie, secteur financier, voire même – cette tentation est parfois évoquée dans la presse spécialisée – secteur notarial) ou dans des services aux personnes d'un genre parfois nouveau, cette situation est de moins en moins rare.

6. LA QUESTION DU BUDGET

On l'aura compris maintenant, la franchise demande, dans l'immense majorité des cas, un investissement financier important, parfois plus important que celui qu'exige la création d'un commerce, d'une activité ou d'une entreprise « hors réseau ».

Avant l'ouverture, voici les éléments qui peuvent coûter cher :

- **L'accès à l'enseigne** – des réseaux très connus affichent des droits d'entrée pouvant dépasser 50000 €, le record atteignant les 100000 €.
- **Le bail et/ou les murs** – à partir du moment où il vous faut un local, comptez au minimum 80000 €... mais certaines villes, certaines rues, certains centres commerciaux et la proximité de certains lieux (gare, aéroport, monument historique) peuvent faire s'envoler la facture. La construction du lieu de vente (hôtel, restaurant de type *drive-in*, grande surface de vente en périphérie...) est souvent, elle aussi, très onéreuse.
- **Le secteur d'activité** – l'hôtellerie, la restauration classique ou à thème, et la grande distribution sont les secteurs les plus chers. Le service aux personnes (certains réseaux de soin des mains, de bricolage à domicile, de nettoyage) ou la publicité communication (journaux gratuits, publicité sur deux-roues,

etc.) demandent souvent, par contre, des investissements très modestes.

- **Le personnel** – il peut également représenter un poste coûteux. Il vous sera difficile de vous en passer, bien évidemment, si vous choisissez de vous investir dans l'hôtellerie, la restauration classique et certains types de restauration rapide ou de grandes surfaces de vente, comme l'alimentation générale, le bricolage, la vente de meubles... De surcroît, la gestion d'une équipe nécessite également des investissements à long terme en matière de formation et d'évolution salariale. N'hésitez pas à demander à votre franchiseur de vous transmettre, s'il en a, des modèles de progression budgétaire.

Attention !

Certains réseaux proposent des systèmes d'« accession à la franchise », c'est-à-dire que le franchiseur commence par une participation massive dans l'entreprise de son nouveau franchisé, pour s'en dégager par la suite. Assurez-vous de la réalité de cette accession et des garanties que vous fournit le franchiseur.

Le risque principal de ce genre de formule est que le niveau d'ingérence de votre franchiseur dans votre entreprise est souvent proportionnel à sa participation à votre capital... N'oubliez pas que le franchisé est un commerçant indépendant et que cette indépendance s'acquiert aussi grâce aux moyens investis...

Reste à considérer ce qui peut coûter cher **après l'ouverture**. Il convient d'intégrer dans votre plan de financement les redevances directes et indirectes prévues par le contrat. La formation peut être payante, de même que les innovations techniques et les aménagements que le franchiseur peut mettre en place pendant votre exercice de franchisé...

Au total, les budgets d'investissement varient de quelques milliers d'euros – droit d'entrée modeste, pas de local de commercialisation ou local ambulant, entreprise individuelle, frais de gestion réduits... – à quelques millions d'euros – fort droit d'entrée, fonds de commerce et loyer onéreux, personnel important...

À noter

Des fonds d'investissement commencent à structurer des propositions destinées aux franchisés. Le fonctionnement n'est pas exactement celui du prêt: pendant une durée donnée, le fonds investit une certaine somme dans l'entreprise du franchisé puis la récupère, augmentée, au terme du partenariat. Celui-ci doit bénéficier financièrement aux deux signataires – le franchisé et l'investisseur. C'est également pour le franchisé l'occasion d'améliorer ses techniques de gestion. Cette solution convient principalement aux franchises gourmandes en capital – restauration, hôtellerie et grandes surfaces dans des secteurs divers.

En règle générale, le franchiseur vous demandera de fournir 30 à 40 % de cet investissement sur votre capital personnel: il en fera l'une des conditions nécessaires à la conclusion du contrat de franchise. Nombre d'annonces de recherche de franchisé mentionnent d'ailleurs l'existence et/ou le montant de cet apport personnel:

«Apport financier obligatoire»
«Apport personnel 650 K€»
«Vous disposez de fonds propres de 700 à 1 000 K€»
«Prévoyez un investissement de 100 K€,
apport personnel + financement bancaire».

Le reste de l'investissement (de 60 à 70 % de l'investissement global) est souvent l'affaire des banquiers. En moyenne, en 2009[1], 70 % des franchisés ont eu recours à leurs fonds propres, et 70 % à l'emprunt, contre 48 et 49 % respectivement en 2004. Là aussi, le choix de la franchise s'avère le plus souvent « payant » auprès des banques.

La plupart des grandes banques connaissent bien le secteur de la franchise et ont développé des compétences particulières dans ce domaine : leurs ressources documentaires et leur capacité d'évaluation des réseaux et de leurs offres les inclinent à consentir des prêts « en connaissance de cause », avec une relative facilité. Trois critères président à cette décision favorable : la franchise en général, qui leur paraît une forme d'entreprise commerciale solide, la réputation du réseau choisi et l'adhésion du réseau à la FFF, gage de déontologie. L'avis de votre banquier peut, s'il connaît bien le monde de la franchise, influencer utilement votre choix.

En pratique

Comment choisir votre organisme de prêt ?

- Vous pouvez vous tourner vers votre banquier habituel. Si ses connaissances en matière de franchise sont limitées, il devrait pouvoir vous diriger vers un conseiller spécialisé.
- La plupart des grandes banques partenaires de la FFF sont présentes à Franchise Expo et sur les salons régionaux, d'autres font connaître leurs solutions franchise dans la presse économique, les magazines spécialisés ou sur Internet.
- Le franchiseur lui-même peut vous orienter vers son partenaire bancaire... sans toutefois vous l'imposer.
- N'hésitez pas à comparer les propositions et les offres.

1. Source : Enquête annuelle sur la franchise Banque populaire/FFF/CSA.

Faire le point

Voici les questions que vous devez vous poser avant de devenir franchisé afin de déterminer si vous êtes vraiment fait pour la franchise et si vous êtes capable d'en suivre les règles :

1. Ai-je choisi un secteur qui me plaît vraiment ?
2. Ai-je choisi un secteur qui plaît au consommateur ?
3. Ma famille et mon conjoint sont-ils prêts à me suivre ?
4. Suis-je capable ou ai-je déjà dirigé du personnel avec succès ?
5. Ai-je les moyens financiers correspondant à mon projet ?
6. Ai-je bien compris le fonctionnement de la franchise, ses avantages et ses exigences ?
7. Suis-je fait pour être franchisé ?
8. Est-ce que je connais bien le code de déontologie européen de la franchise et l'ai-je bien compris ?
9. Suis-je prêt à suivre une formation ?
10. Suis-je prêt à représenter l'image de marque du réseau et à être son ambassadeur ?
11. Suis-je prêt à suivre la stratégie générale du réseau et à contribuer à améliorer son concept ?
12. Suis-je capable de diriger ma propre affaire et d'en assumer les contraintes ?

7. FRANCHISES ÉTRANGÈRES, FRANCHISÉ À L'ÉTRANGER

La franchise offre au commerçant indépendant la possibilité d'entreprendre dans son pays d'origine. La France, l'un des pays pionniers en matière de franchise, possède plus de 1 470 réseaux franchiseurs et à peu près autant de réseaux développant d'autres formes de commerce associé. Environ 90 % de ces réseaux se sont développés à partir de concepts français et n'ont nécessité aucune adaptation particulière aux habitudes du consommateur français. Mais la franchise peut aussi être l'occasion pour un entrepreneur de s'ouvrir à l'international. Il existe alors plusieurs scénarios possibles.

Développer un réseau étranger en France

Là encore, deux possibilités s'offrent à vous :

- Le réseau existe déjà en France où son concept a été adapté et testé. La plupart du temps, il se développe à partir d'un master franchisé (en particulier, au début de la vie du réseau dans un pays étranger) ou d'une filiale française. Le franchiseur est tenu de respecter la loi française et la démarche que vous suivrez est très largement similaire à celle que vous entreprenez lorsque vous concluez un contrat avec un réseau d'origine française.
- Le réseau n'existe pas en France et vous êtes son premier franchisé. Un conseil nous paraît alors évident : donnez-vous les moyens linguistiques de comprendre le savoir-faire, les divers manuels et informations et, naturellement, le contrat de votre franchiseur. Le contrat devra être rédigé en français et respecter les lois françaises, qui sont d'ordre public. Vous vérifierez également que celui qui vend la franchise est bel et bien titulaire des droits sur la marque.

Et assurez-vous de la transférabilité en France du concept que vous achetez… Le chapitre « Choix de votre future franchise » vous indique les moyens pour bien vous informer sur les réseaux étrangers.

À savoir

Les pays de la franchise

Il est peu de pays où la franchise est complètement absente. Si elle est apparue à la même époque en Europe – plus spécifiquement en France – et en Amérique du Nord, elle se développe maintenant dans presque tous les pays du monde. Effet dû tant à la globalisation qu'au passage de nombre d'économies planifiées (Europe de l'Est, Asie, Afrique du Nord) au libéralisme, économique tout au moins.

En Europe de l'ouest, tous les pays la pratiquent et développent des réseaux nationaux et internationaux. L'Italie, la France, mais aussi l'Espagne, l'Allemagne, la Grande-Bretagne viennent en tête, mais la formule existe aussi en Suisse, Autriche, Belgique et dans les pays nordiques. En Turquie, en Grèce et au Portugal, elle connaît un succès plus récent et, souvent, plus soutenu encore. Les pays d'Europe centrale s'en sont également emparés pour rénover de fond en comble une offre commerciale à réinventer après la chute du mur de Berlin. République tchèque, Hongrie, Pologne, Ukraine développent à part égale des concepts locaux et importés d'Europe ou des États-Unis, avec un soutien important de la part des banques et parfois de l'État. Ne sont pas absents de cette évolution la Russie et les pays des Balkans, même si la situation est plus contrastée suivant les pays et les régions.

La franchise, en règle générale, règne dans les pays de culture principalement anglo-saxonne (États-Unis, Canada anglophone – le Québec n'est pas en reste – Australie, Nouvelle-Zélande, Afrique du Sud). Elle s'est remarquablement développée dans les pays d'Amérique latine (Brésil et Mexique en tête), y compris les plus pauvres (2007 a vu le premier salon de franchise à Lima, au Pérou). Elle est également présente dans toute l'Asie, de l'Inde au Japon — la Chine, par exemple, a dépassé la barre des 1 500 réseaux, notamment sur des activités de service (hôtellerie, restauration, formation, soins esthétiques et paramédicaux).

Même mouvement, plus récent, dans les pays du Maghreb : le Maroc développe aujourd'hui plus de 200 enseignes, l'Algérie et la Tunisie s'ouvrent plus timidement et l'Égypte a fait de la franchise l'un des vecteurs de modernisation de son offre commerciale.

Dans les pays d'Afrique centrale, des entrepreneurs locaux commencent également à travailler sur la franchise comme méthode de transfert de technologie et s'organisent.

Au Moyen-Orient enfin, Israël, le Liban et la Syrie créent et accueillent des réseaux. Les enseignes internationales trouvent également leur place dans les grands centres commerciaux des États du Golfe comme les Émirats et l'Arabie Saoudite...

Entreprendre en franchise à l'étranger

La franchise se développe dans plus d'une soixantaine de pays dans le monde. Le terme « franchise » y a, la plupart du temps, la même signification (il est du reste international puisque *franchise*, *franchi-*

1

sing, franquicia recouvrent le même concept), même si certains pays – comme les États-Unis et l'Allemagne notamment – en ont une acception plus large.

Certaines franchises s'apparentent en effet plus au partenariat ou à la concession, au sens français : par conséquent le savoir-faire, cœur de la franchise en France et dans la plupart des pays qui développent cette stratégie, n'est alors pas toujours au rendez-vous.

Si vous décidez de vous installer en franchise à l'étranger – soit avec un concept français, soit pour y développer un concept étranger –, vous relèverez alors du droit civil et commercial du pays où vous exercerez votre activité, et ce sur plusieurs plans :

- celui de commerçant indépendant ;
- celui de franchisé ;
- celui de propriétaire ou locataire d'un local commercial, le cas échéant ;
- celui d'emprunteur, le cas échéant ;
- celui d'employeur, le cas échéant ;
- celui de professionnel d'un métier réglementé, le cas échéant ;
- et pour finir celui d'entrepreneur étranger, le cas échéant.

Vous devrez tenir compte de tous ces rôles et bien en peser toutes les conséquences sur votre projet, avant de vous lancer dans cette forme particulière de la franchise.

Conseil

Avant de vous lancer dans l'aventure de la franchise, assurez-vous pleinement de ce que ses avantages (voir page précédente, notamment) et ses exigences sont compatibles avec votre tempérament.

Informez-vous et formez-vous, par le biais de la FFF ou de Franchise Expo, aux premiers rudiments de cette stratégie très particulière !

€xemple

Des Français au Mexique, en Italie, dans le monde entier…

La plupart du temps, c'est un franchisé local qui va adapter et développer un concept français dans son pays, mais il arrive aussi que, dans une démarche d'expatriation, un entrepreneur français décide de s'installer à l'étranger avec un concept français.

Ainsi, l'enseigne de nettoyage à sec 5àSec a-t-elle été adaptée et développée au Mexique par le biais de deux entrepreneurs français, père et fils, master franchisés de l'enseigne. À partir d'un magasin pilote à Mexico, ils ont déjà développé 50 magasins 5àSec dans le pays.

C'est aussi par le biais d'un master franchisé français que Rapid'Flore va se développer en Italie. En septembre 2007, cet ancien cadre supérieur marié à une Italienne ouvre son premier magasin à Rome et expose au salon de Milan pour démarcher d'autres franchisés.

Les franchisés d'une enseigne française à l'étranger ne sont pas nécessairement des master franchisés. Ils fonctionnent parfois en direct avec le siège en France, tels le franchisé français de La Boucherie en Thaïlande ou le franchisé français de Jeff de Bruges au Maroc.

Faire le point

Les avantages et inconvénients du franchisé

Ses avantages :

- il est propriétaire de son entreprise et juridiquement indépendant ;
- il dispose d'un système de gestion testé par le franchiseur. Il prend donc moins de risque et gagne du temps ;
- il bénéficie de l'impact de l'enseigne sur le consommateur ;
- il a accès à une maîtrise professionnelle supérieure à celle de l'homme de métier, grâce à la formation prodiguée par le franchiseur ;

- il a, le cas échéant, acquis un nouveau métier ;
- il profite d'un avantage compétitif car il appartient à un réseau, c'est un commerçant indépendant organisé ;
- ses frais d'exploitation sont réduits par des économies d'échelle consécutives à la standardisation des opérations, et ses coûts d'approvisionnement sont plus avantageux.

Ses inconvénients :

- il ne vend pas ce qu'il veut, et son activité est encadrée par un contrat et un savoir-faire qu'il doit respecter – cela peut avoir, sur son activité pendant et après le contrat, des conséquences sur son degré de liberté ;
- même s'il est lui-même un commerçant très performant, il peut pâtir d'une dynamique négative de réseau, suite à un incident, une rumeur ou une malfaçon, puisqu'il porte la même enseigne.

CHOISIR VOTRE FUTURE FRANCHISE

2

La franchise s'est implantée en France par le biais des franchises de distribution, celles qui commercialisent des biens plutôt que des services, et plus précisément du prêt-à-porter. En cinquante ans, la palette de choix s'est considérablement enrichie, de même que les moyens d'information. La franchise de distribution représente encore 50 % de l'activité de la franchise en France, mais les services ne cessent de croître en nombre de réseaux et en «parts de marché». Comment s'y retrouver alors?

1. LES SECTEURS D'ACTIVITÉ DANS LE PAYSAGE FRANÇAIS

Le secteur alimentaire

Caractéristique bien française, l'alimentation générale se développe beaucoup en franchise. Des grandes surfaces de la grande distribution (avec des chiffres d'affaires annuels frôlant les cent millions d'euros) aux supérettes de proximité (cent mille euros de chiffre d'affaires annuel), tous les niveaux d'investissement, toutes les zones de chalandise et tous les volumes d'activité sont envisageables.

L'alimentaire spécialisé propose aussi quelques belles enseignes: dans les domaines du vin et des spiritueux, de l'alimentation bio, de l'épicerie fine, des chocolats, des thés et cafés, des bonbons, des glaces. Nombre de ces enseignes développent également des solutions de vente à distance: catalogue, mailings, Internet.

La boulangerie viennoiserie, secteur cher au cœur des Français, se développe beaucoup: de plus en plus d'enseignes apparaissent dans ce secteur – plus précisément dans la boulangerie industrielle et les terminaux de cuisson –, avec une approche affinée des nouveaux goûts des consommateurs: pains spéciaux, farines diversifiées, petite restauration assise ou debout. À l'inverse, la franchise est très peu présente dans les secteurs de la boucherie, de la poissonnerie, des fromages.

La tendance dans l'alimentaire est, comme dans d'autres types de commerces et de services, à l'hyper-spécialisation ainsi qu'à la création d'univers et de services connexes. Un commerce de thé, par exemple, proposera, en plus du produit lui-même et d'une gamme bien spécifique, des objets relatifs au thé et des dégustations ou des cérémonies. Un chocolatier lèvera le rideau sur son atelier... Dans le domaine du vin et de la bière, apparaissent également des concepts de mise en relation directe entre producteurs et consommateurs. Et l'alimentation bio est déjà présente avec cinq à six réseaux.

L'équipement de la personne

Poids lourd de la franchise de distribution en France, le prêt-à-porter compte plus de 320 enseignes se développant en franchise ou en commission-affiliation (voir p. 11). La diversification est totale – homme, femme, enfant, lingerie, vêtements d'intérieur... –, avec toutefois une concentration dans les prix moyens. Le prêt-à-porter haut de gamme se développe bien en franchise... mais à l'étranger.

Les caractéristiques principales de ce secteur sont: une gestion complexe des stocks et des collections (d'où le recours à la commission-affiliation), une présence presque obligatoire en emplacement numéro 1 sauf pour les grandes surfaces de discount vestimentaire (se reporter à la p. 70 pour en savoir plus sur la classification des emplacements), et la nécessité impérieuse de suivre le rythme souvent trépidant du métier.

2

Les enseignes de prêt-à-porter « mariage » représentent un cas particulier dans ce secteur car elles sont aussi, souvent, prestataires ou coordinatrices de services associés: vente d'accessoires, voyages, fleurs, fêtes... On notera également l'apparition d'enseignes très ciblées: vêtements de sport, de montagne... en phase avec les sensibilités de plus en plus « randonneuses » des consommateurs.

Autre évolution du côté de l'équipement de la personne: les enseignes apprennent à mieux moduler leur offre et proposent maintenant des concepts de tailles diverses: du « vaisseau amiral » qui fera jusqu'à 2000 m² à la boutique de centre-ville d'un bourg.

Le secteur de l'équipement de la personne comprend aussi les chausseurs, les bijoutiers horlogers, les maroquiniers, les opticiens, les spécialistes de l'audition. Ces professions offrent une grande diversité dans leurs concepts: chaussures de sport, chaussures pour enfants, chaussures confort, lunettes pour enfants, sacs à petit prix... On notera qu'il faut, pour l'un au moins de ces métiers – l'optique – un diplôme professionnel.

L'équipement de la maison

Il s'agit d'un secteur pionnier de la franchise en France: en 1971, deux des fondateurs de la Fédération française de la franchise, en étaient issus, les deux autres venant du prêt-à-porter.

Les activités de ce secteur concernent le mobilier (qui peut refléter les tendances actuelles comme les meubles « jeunes » et « ethniques »), la literie, les cuisines équipées, les salles de bains, le linge de maison, les arts de la table ou le bricolage, les jardineries animaleries. Les franchises se développent en centre-ville et en emplacement n° 1 (voir p. 70 la classification des emplacements) pour les arts de la table et le linge de maison, et le plus souvent en périphérie pour les meubles, les cuisines et les salles de bain. Le bricolage est également présent dans les zones périphériques, sur de grandes ou très grandes surfaces, de même que les jardineries animaleries.

Où classer les dépôts-ventes et les magasins d'occasions, entre équipement de la maison et commerce spécialisé ? On y dépose ou on y vend tout – enfin presque tout, puisque les magasins d'achat et de vente au comptant ne prennent pas de meubles, à l'inverse des dépôts vente. Ces magasins bénéficient du nouvel engouement des Français pour le troc, les produits d'équipement à courte durée (portables, lecteurs audio, ordinateurs, appareils photos, jeux vidéo), et la récupération.

Les commerces spécialisés

Ce secteur mêle des commerces traditionnels – articles de sport, produits de beauté et parfumerie, fleurs coupées, jouets, papeterie, livres… – et des commerces nés de l'évolution de la consommation et des techniques – téléphonie, disques et vidéo, cycles et moyens de transports urbains, jeux vidéos, cadeaux et gadgets, discount sur des articles divers…

On notera que la librairie, pour des raisons liées à l'histoire et à la commercialisation du livre en France (la Loi Lang impose un prix public unique), se méfie de l'enseigne – à deux ou trois colossales exceptions près – et se développe donc très peu en franchise. Les autres sous-secteurs, quant à eux, ont donné naissance à des dizaines de très bons réseaux.

La fleur coupée a, par exemple en quelques années, complètement diversifié son offre : de la grande surface à l'enseigne, sur 15 m^2, qui vend des roses et seulement des roses. En quelques années, il s'est ouvert plus de 800 fleuristes sous enseigne en France. Ils ont contribué à populariser des fleurs autrefois rares et chères (orchidées, lys, grandes roses) et se lancent aujourd'hui dans des diversifications et des alliances dynamisantes, en s'implantant dans les gares et les stations services, en passant des partenariats avec des enseignes de pompes funèbres, en développant des sites de commande et de livraison, en faisant produire des fleurs sur mesure…, et même en installant des bars (jus de fruits… et de fleurs) dans leurs magasins.

La parfumerie beauté, qui a parfois choisi de ne développer que ses propres produits pour des raisons d'exclusivité et d'approvisionne-

2

ment, connaît également de belles réussites – telle celle d'Yves Rocher, présent en franchise, en corner et en vente à distance. Les dépôts vente profitent eux du caractère unique de ce qu'ils vendent pour développer des systèmes de recherche sur Internet, qui renvoient avec profit les clients vers les points de vente... Commerces nouveaux, la téléphonie et la vidéo – vente et location – enregistrent des expansions rapides encore trop souvent éphémères. Les franchises du secteur de la téléphonie sont peu à peu « succursalisées » par les quelques grands opérateurs du domaine. Enfin, les enseignes de vidéo se développent essentiellement sous la forme du partenariat.

Exemple

Sur la vague verte

La franchise passe au vert. Les fleuristes achètent et commercialisent des fleurs et des plantes Max Havelaar – les producteurs locaux étant rémunérés de façon équitable –, utilisent des terreaux biodégradables... et le font savoir à une clientèle de plus en plus écoresponsable.

Côté prêt à porter, une enseigne se développe depuis quelques années autour du textile bio. Une autre commercialise des produits de l'artisanat équitable.

Les enseignes de l'alimentaire spécialisé et des produits cosmétiques se penchent sur la qualité et la traçabilité des produits vendus et la gestion des ressources. La restauration rapide surveille ses graisses et recycle ses emballages.

Tandis que l'Éléphant bleu construit sa notoriété sur une utilisation raisonnée de l'eau pour le nettoyage automobile, Cartridge World construit un réseau de plus de 1 500 magasins dans le monde (dont plus de 150 en France, fin 2009) sur un concept de recyclage intelligent des cartouches d'imprimante.

Des tonnes et des tonnes de déchets plastiques en moins dans la nature et une économie substantielle pour les consommateurs !

Le cas particulier des automates

On connaissait les distributeurs de boissons et d'en-cas. Arrivent aujourd'hui les mini-épiceries (500 références disponibles et paiement par carte bancaire possible), les distributeurs de cassettes vidéo ou de DVD, parfois combinés à un distributeur de boisson ou de pizza, et, dans un genre différent, les distributeurs de parfums et de journaux.

La plupart de ces concepts sont présentés comme d'excellents investissements au regard du travail fourni par le commerçant, de la faible surface occupée et du prix de vente des produits. On peut cependant se demander où est le savoir-faire – l'âme de la franchise – développé par ces enseignes et ces concepts. Il faut en outre prêter une grande attention aux conditions de réparation, de renouvellement et de reprise des automates, prévues dans les contrats – lorsque contrat il y a.

Le secteur charnière de l'automobile

Le poste « auto » représente le 3e poste de dépenses pour les foyers français, après le logement et l'alimentation. Le secteur de l'automobile relève à la fois de la distribution – vente de véhicules d'occasion, vente d'accessoires prêts à poser – et du service – nettoyage, réparation, pose, location. La vente de véhicules neufs est la grande absente : elle ne se développe que sous la forme de la concession.

Le secteur de l'automobile est particulièrement développé, par le biais de deux axes étroitement liés à son activité : celui des grandes surfaces en périphérie pour la réparation, le nettoyage, la pose ; celui des agences plus petites et des parkings, au besoin, pour les loueurs en centre ville, près des gares, des ports et des aéroports.

Bien sûr, certaines activités de ce secteur sont soumises à des effets saisonniers : par exemple, le nettoyage automobile est, en partie, tributaire de la météo. L'enseigne leader du secteur en a d'ailleurs fait l'une de ses lignes de force en s'associant aux démarches de développement durable et en introduisant, à tous les niveaux du processus de nettoyage, des exigences écologiques : savon de lavage, récupération des eaux usées, quantité d'eau utilisée... Sans perdre de vue le caractère profitable de l'entreprise.

On notera enfin qu'apparaît dans ce secteur une tendance intéressante, le « village auto ». Un seul et même franchisé regroupe, en un même lieu, plusieurs franchises complémentaires du secteur : une station de nettoyage, un dépanneur, une agence de location, une enseigne d'accessoires...

L'hôtellerie

C'est sans doute le secteur qui demande les investissements, et donc les apports personnels, les plus lourds. Il faut en effet soit aménager un hôtel existant (cas de la plupart des hôtels en centre-ville), soit construire un établissement neuf. En outre, les hôtels sous enseigne sont rarement des établissements de moins de vingt chambres, rentabilité oblige.

L'hôtellerie d'enseigne est dominée en France par le groupe Accor, créateur notamment de l'une des premières enseignes françaises d'hôtellerie, Novotel (le premier établissement a vu le jour en 1970). L'offre est abondante et diversifiée, de l'hôtel sans étoile (en périphérie des villes) au quatre étoiles. Les enseignes se sont toutes massivement converties (et leurs franchisés avec elles) à la réservation sur Internet et travaillent aujourd'hui sur des segments de marché sur lesquels elles étaient peu présentes : hôtels non standardisés, hôtellerie design.

Cas particulier : il existe au moins une enseigne de franchise dans le domaine du camping...

La restauration

Dans tous les pays où la franchise se développe, la restauration, et en particulier la restauration rapide, occupe une place importante dans ce processus. La franchise apporte aux clients une réponse rapide, homogène et en même temps très diversifiée en matière de repas : attente limitée, prix modérés, qualité garantie. Ainsi en

France, 70 % de la restauration rapide – hamburgers, pizzas (sur place et à livrer), salades et sandwiches – se développent en franchise, et de nouveaux segments y voient le jour: sushis, bio, sandwiches sur mesure... Ni la restauration classique et à thème, ni les cafés, bars et brasseries ne sont en reste.

La réputation du secteur a changé: il était naguère assez systématiquement synonyme d'une alimentation déséquilibrée et « américanisée », mais les services recherche et développement se sont penchés sur les problèmes les plus criants, et l'offre alimentaire se diversifie, jusqu'à devenir un avantage concurrentiel. Les apports caloriques sont désormais mentionnés sur les produits et expliqués par les serveurs; des univers culinaires plus « maigres » (cuisines extrême-orientales, italiennes...) font leur apparition. On notera que le secteur de la restauration rapide embauche – de 25 à 100 salariés par établissement – et qu'il est l'un des seuls à donner sa chance à des jeunes non diplômés, les franchisés passant par les missions locales pour embaucher leurs équipiers.

Le secteur s'avère souvent cher notamment lorsqu'il s'agit de restauration classique et à thème, de grandes surfaces de restauration rapide ou de *drive-in*. De plus, il n'est pas sans imprévus: les enseignes très concurrentielles se livrent à de grosses batailles d'emplacement, et les plus petites n'y résistent pas toujours. À noter que ce secteur s'appuie souvent sur des enseignes qui ne lésinent pas sur la formation: de six à dix-huit mois pour les plus grandes enseignes.

Les services aux personnes

Ce secteur se divise en deux sous-secteurs:

- les activités traditionnellement commerciales et artisanales, telles la coiffure et l'esthétique;
- les activités traditionnellement liées à l'associatif, en France du moins.

Le premier de ces sous-secteurs se développe en franchise avec un grand bonheur: la vitalité des enseignes de coiffure en est la preuve. Après le succès des salons construits autour de « coiffeurs person-

2

nalités» ou d'enseignes aux noms plus abstraits, se profilent des spécialisations: coiffure à petit prix, coiffure pour enfants, libre-service colorations... Les réseaux «classiques» développent également des formules diversifiées, avec ou sans cabines de beauté, avec ou sans vente de produits... S'ils ne représentent que 6 à 7 % du nombre total des salons en France, les coiffeurs franchisés génèrent 13 % du chiffre d'affaires de ce métier. À noter que le franchisé de ce secteur doit justifier d'un diplôme professionnel ou de l'embauche de salariés diplômés.

En évolution constante, le secteur de la beauté a aussi vu l'apparition, ces vingt dernières années, d'enseignes de manucure – pose d'ongles, épilation, amincissement, bronzage, piercing, tatouage. Si les deux premières activités de cette liste ne posent guère de problèmes, les autres flirtent parfois avec le «médical» et les questions d'hygiène. Si vous choisissez l'un de ces concepts, assurez-vous de la réalité du savoir-faire du franchiseur et de la présence dans son équipe d'un conseil médical.

Autre tendance très récente, les spas et centres de beauté multifonctions qui proposent aux clientes et clients (l'une de ces enseignes est spécialisée homme) des choix de soins et de détente très variés, de la coiffure à la musculation.

Parallèlement à ces activités de service tournées vers le plaisir, la détente ou l'embellissement de la personne, la franchise favorise, depuis le début des années 2000, l'apparition et le développement d'un nombre impressionnant de réseaux d'aides diverses et variées à la personne. Aide aux personnes âgées, malades ou dépendantes (assistance médicale, courses, ménages, travaux de jardinerie...), soutien scolaire, garde d'enfants... Le franchisé organise et gère les calendriers des intervenants au service des personnes et peut, plus facilement qu'une association ou qu'un service municipal, s'adapter aux demandes des personnes. Le chèque emploi service universel (CESU), en simplifiant l'approche des services à la personne, a largement contribué au développement de ce secteur sous une forme commerciale. Ces activités peuvent, pour certaines d'entre elles, exiger un agrément.

Ont également fait leur apparition, soutenus par la promulgation de lois diverses touchant à la qualité de l'habitat, des réseaux de contrôle de la sécurité des habitations (amiante, plomb, insectes, humidité), de mise aux normes (chauffage, eau). D'autres professions d'intermédiaires et de gestionnaires, destinées à faciliter les relations entre les Français et leur patrimoine, sont apparues : il existe aujourd'hui des réseaux de courtage en travaux. Ces services de proximité ne nécessitent pas – à l'exception notable du soutien scolaire – de locaux coûteux. La formation et l'encadrement, soignés et complexes, entraînent cependant souvent des droits d'entrée dans le réseau assez élevés.

Entre ces deux tendances – activités commerciales et activités de l'« associatif » – existent quelques enseignes de petits travaux à domicile, deux enseignes de déménagements, des enseignes dédiées aux animaux (produits livrés à domicile, entretien...) et des enseignes de reprographie.

Les agences immobilières et les agences de voyage constituent deux cas particuliers. La franchise est très développée dans le premier de ces secteurs, avec quelque 4000 agences (sur 18000 en France) et un nombre de transactions en nette faveur pour les enseignes franchisées. Côté agences de voyages, existent également quelques beaux réseaux, souvent liés aux grands groupes du tourisme, des transports et de l'hôtellerie.

Dans ces deux métiers, agences immobilières et agences de voyage, Internet joue un rôle de dynamisation des transactions.

La franchise du secteur des services aux personnes a encore une grande marge de développement. Cela dit, on étudiera avec soin les concepts « originaux » : ils sont parfois sans rapport avec les habitudes et les attentes des clients, surtout s'ils viennent de pays où le secteur public et associatif est moins développé qu'en France. Ainsi, les mini-académies enfantines (apprentissage des langues, de la danse, du théâtre, de l'informatique, etc.) assez répandues en Amérique du Nord et dans les pays asiatiques, ne prospèrent guère en France – prévalence de l'école maternelle oblige.

Autre exemple, celui récent de l'échographie « artistique » en 3D : les réseaux qui avaient essayé de populariser en France ce moyen de visualiser, hors contrôle médical, les premières images de l'enfant à venir n'ont pas eu, étant donné l'ambiguïté de leur positionnement, le résultat escompté. Par contre, chaque année émergent des propositions qui fonctionnent avec plus de succès : cours de cuisine, kiosque de couture, réseau pour aider les particuliers à organiser leur déménagement entre amis... Parmi les plus actifs, signalons les réseaux de réparation informatique à domicile, les réseaux de recyclage de cartouches d'encre, l'un et l'autre tenant à la fois du service aux particuliers et du service aux entreprises.

On notera enfin quelques réseaux dans le domaine de la fête (organisation... mais aussi boîtes de nuit), de l'accès Internet (cybercafés, libre service Internet), de la maison de retraite, des obsèques...

Les services aux entreprises

Ce secteur est encore embryonnaire en France. Quelques enseignes commencent à tirer profit de la disparition du monopole de La Poste : courses, transports de colis, et courrier local (sous peu). D'autres s'installent dans des activités de niche assez nouvelles : réduction des coûts, prestations de gestion, de formation et d'hébergement des petites entreprises, publicité et communication sur supports divers (tels les camions, tickets de caisse et Internet...), nettoyage industriel, recouvrement de fonds, approvisionnement, réparations de hayons élévateurs...

Là aussi, les inventeurs de concept ne sont pas en reste. Quelques nouveautés : un réseau qui joue l'intermédiaire entre des centres d'aide par le travail et des PME, un réseau qui monte des crèches d'entreprise et, plus insolite, un prestataire dans le domaine de la contre-visite médicale...

Le bâtiment

On aurait pu mentionner ce secteur dans celui des services aux personnes : on l'en distingue traditionnellement. Quelques enseignes très dynamiques, dont Mikit, existent dans le gros œuvre – construction de maisons individuelles, piscines – mais surtout dans le second œuvre – pose de fenêtres et de portes, parquets et carrelages, gouttières, cheminées, vérandas…

En pratique

Comment choisir son secteur?

Un critère de choix est essentiel : le secteur doit vous plaire et, bien sûr, ne pas être incompatible avec votre bien-être. Inutile en effet d'essayer la franchise de pressing si vous êtes allergique aux agents nettoyants utilisés…

Y a-t-il des secteurs qui « marchent » mieux que d'autres?

C'est une question pour le moins récurrente dont la presse spécialisée entretient le mythe.

On pourrait y répondre en disant que ce ne sont pas les secteurs qui doivent marcher, mais bien les enseignes… Et l'on en revient, comme toujours lorsqu'il est question de franchise, à l'excellence du savoir-faire et du concept.

Le futur franchisé recherche, bien sûr, un secteur d'activité qu'il connaît bien ou auquel il souhaite se confronter. Mais il cherche peut-être avant tout un certain type de clientèle (enfants, ados, femmes…), une certaine sensibilité (luxe et futilité, utilitaire, terroir…), une qualité de contacts avec la clientèle (petit magasin ou grande surface)… Alors, dans ce cas, c'est l'enseigne qui répond à son désir, bien plus que le secteur.

2. LES MOYENS D'INFORMATION ET DE FORMATION

La franchise française développe plus de 1 470 enseignes et tous les ans se créent plus de 100 réseaux. Alors, comment s'y retrouver?

Pour obtenir une information, quelle qu'elle soit, différentes pistes vous sont ouvertes.

2

En pratique

Vous avez vu une boutique qui vous plaît... Vous avez le nom de l'enseigne, comment pouvez-vous retrouver la tête de réseau?

- Demandez-la aux responsables de la boutique (qui devraient signaler leur état de franchisé par un petit panneau visible du client). Oui, mais ces responsables ne sont pas toujours présents sur le point de vente...
- Cherchez-la alors dans les Pages jaunes et autres annuaires professionnels. Oui, mais si ceux-ci ne mentionnent pas la qualité de franchisé des points de vente et si le franchiseur y est référencé sous son nom de société (Durand SA pour l'enseigne Chose).
- Cherchez-la dans les annuaires de la franchise disponibles en France. Oui, mais tous ne font pas forcément la distinction entre la franchise et les autres formes de commerce associé...
- Cherchez-la sur Internet. Oui, mais vous ne retrouverez les coordonnées de l'enseigne que si elle dispose d'un site, même minimal, ou si elle est recensée par un annuaire en ligne...
- Posez enfin la question à la FFF! Elle dispose de nombreux annuaires, papier et électronique, et de numéros anciens de la presse... Cela dit, elle n'a pas réponse à tout!

Les ressources humaines

- **La Fédération française de la franchise (FFF)** – L'une de ses missions essentielles est de renseigner les futurs franchisés. N'hésitez donc pas à tirer profit de ses ressources – parmi lesquelles son centre de documentation, son site Internet et son annuaire, *Toute la franchise* (voir coordonnées p. 199).
- **Les chambres de commerce et d'industrie** – Elles ont parfois développé des compétences particulières concernant la franchise et peuvent vous conseiller sur les enseignes, locales ou non, ainsi que les différentes étapes de l'accession à la franchise.

- **Franchise Expo** – C'est le salon français de référence en termes de franchise. Il se tient dans la deuxième quinzaine de mars à Paris, Porte de Versailles, durant quatre jours. Vous y rencontrerez plus de 400 exposants : en grande partie des franchiseurs, mais aussi quelques réseaux se développant en concession ou sous la forme plus floue du partenariat. Les réseaux exposants sont toujours à la recherche de nouveaux franchisés ou, parfois même, d'une première implantation en France.
  Un conseil cependant : soyez aussi vigilant sur vos contacts salon que sur les autres, car un concept bien exposé et séduisant peut s'avérer faire long feu…
- **Top Franchise Méditerranée** – En parallèle et depuis 2003, ce salon qui se tient à Marseille réunit, à l'initiative de la CCI Marseille Provence et avec le soutien de la FFF, une centaine d'enseignes, sur deux jours courant novembre. Ce salon est régional mais aussi international, puisqu'il accueille de nombreux entrepreneurs et investisseurs des pays du bassin méditerranéen.
- **Le contact direct avec un franchiseur ou un franchisé** – Vous pouvez aussi contacter directement les responsables d'un réseau de franchise dont vous avez repéré le magasin ou le point de vente…
- **La semaine des entrepreneurs franchisés** – La deuxième semaine d'octobre, les franchisés dont les réseaux sont adhérents à la FFF acceptent d'ouvrir leurs portes et de partager leur expérience avec les créateurs d'entreprises potentiels. Il suffit de les repérer dans les centres villes et les centres commerciaux.
- **Les managers de centre-ville** – Il y a quelques années, de nombreux élus ont commencé à s'émouvoir de la perte de vitesse de l'offre commerciale de leur centre-ville. Maires, responsables des chambres de commerce ou de syndicats d'agglomération ont embauché des spécialistes du commerce, dont la mission était de faire revenir les chalands en centre-ville, en installant de nouveaux commerces et de nouveaux services et en aidant les commerçants présents à se moderniser. En 2009, il y avait plus de 120 villes dotées d'un manager. Intérêt pour le

futur franchisé ? Les managers connaissent le marché local sur le bout des doigts, sont au courant des plans de développement (urbanisme, transports, installation de grandes entreprises), des projets municipaux et des opportunités immobilières. Ils s'avèrent des experts de plus en plus indispensables. Pour savoir si votre ville emploie un manager, appelez la mairie !

La presse spécialisée

La France dispose de deux magazines spécialisés dans la franchise : *Franchise Magazine*, né en 1981, et *L'Officiel de la franchise*, créé par un ancien de *Franchise Magazine*. Disponibles en kiosque, ils offrent une vision très pratique et parfois polémique de la franchise. Largement ouverts à la publicité des enseignes, ils signalent les nouveaux réseaux (mais ne donnent pas, dans leurs rédactionnels, les coordonnées, pour des raisons déontologiques), ils établissent des comparatifs entre enseignes d'un même secteur et publient des conseils juridiques et pratiques et des petites annonces.

Outre ces deux titres, on consultera avec profit les magazines du secteur de la création d'entreprise et d'activité (*Défis*, *Commerce Magazine*...), et la presse sectorielle : *Libre Service Actualité* pour toutes les activités liées à la distribution, *Néo-Restauration*, *Le Journal du textile*, *L'Éclaireur des coiffeurs*, *L'Hôtellerie*, *Rechange automobile*... Enfin, *Sites commerciaux* et *Correspondance de l'enseigne* sont des mines précieuses pour les concepts nouveaux, les stratégies et les implantations commerciales nouvelles.

La presse généraliste – quotidiens, hebdomadaires et mensuels – s'intéresse plus sporadiquement à la franchise, hors *L'Express*, partenaire de Franchise Expo, *Le Figaro* et *Les Échos*, riches d'enseignement sur la stratégie des enseignes.

La période du salon Franchise Expo – mars de chaque année – s'avère cependant un peu plus faste. La presse quotidienne régionale, attentive à l'impact des enseignes et des franchises sur la vie commerciale et sociale des villes, relaie parfois efficacement l'information sur l'activité des chambres de commerce et d'industrie en la matière.

Internet

Internet est devenu, au fil des années, l'un des principaux vecteurs d'information et de recrutement dans le secteur de la franchise. Le futur créateur dispose de toutes sortes de vecteurs:

- Les sites des franchiseurs eux-mêmes, à la fois vitrines des produits et des services, mais également du réseau de franchise lui-même (liste des magasins franchisés, fonctionnement et engagements du réseau).
- Les sites d'information sur la franchise, au premier rang desquels celui de la Fédération française de la franchise, **www.franchise-fff.com**.
- Les sites de mise en relation entre futurs franchisés et réseaux de franchise – ils sont de plus en plus nombreux et, dans une certaine mesure, de plus en plus semblables. Leur principe est simple: ils présentent des fiches détaillées sur des enseignes qui recrutent (et qui paient pour être présentes sur le site en question), recueillent et retransmettent les demandes de contact effectuées par les internautes. Privilégiez donc les sites qui donnent une information complète et régulièrement mise à jour sur les enseignes, et qui vous permettent un suivi de vos candidatures. Un seul de ces sites demande aux enseignes qui s'y affichent communication de leur Document d'information précontractuelle, il s'agit de l'Observatoire de la franchise, **www.observatoiredelafranchise.fr**, le site de recrutement lié à Franchise Expo Paris et à Top Franchise Méditerranée. Ce n'est pas une garantie universelle, mais certainement un gage de sérieux.

Dans tous les cas, cette première prise de contact, même si elle est dématérialisée, doit refléter votre sérieux et votre intérêt pour l'enseigne. Internet facilite le lien, mais les taux de transformation (pourcentage de contacts aboutissant à un contrat de franchise) sont en général de 1 ou 2 %… Pour plus d'informations concernant la franchise sur Internet, reportez-vous aux «*Infos*++ », p. 200.

2

La consultation de ces diverses sources – ressources humaines, presse et Internet – doit vous donner la réponse, ou du moins des éléments de réponse, à quelques questions essentielles que vous vous posez :

- Le réseau que j'ai repéré se développe-t-il vraiment en franchise (certains réseaux, et certaines sources, confondent parfois les termes…) ?
- Son concept et ce que je sais de son savoir-faire me conviennent-ils ?
- Sa stratégie et ce qui est nécessaire à son équilibre économique général me paraissent-ils solides (si l'enseigne que vous visez connaît des changements profonds, négatifs ou positifs, autant le savoir) ?
- Le concept que développe ce réseau me paraît-il convenir à la zone de chalandise où je veux m'installer ?
- Les conditions d'entrée dans le réseau, tant juridiques que financières, me conviennent-elles ?
- Le réseau est-il adhérent à la Fédération française de la franchise ? Pour être adhérent de la FFF, le réseau doit avoir démontré que son concept repose sur un réel savoir-faire tel que défini p. 57, qu'il est réitérable, que les moyens financiers et humains sont réunis pour développer la franchise et qu'il s'engage à respecter le code de déontologie de la franchise (voir p. 189).

Si deux ou trois de vos réponses sont positives, alors vous pouvez contacter le réseau en connaissance de cause…

3. LE PREMIER CONTACT AVEC LE FRANCHISEUR

Vous avez enfin réussi à collecter vos premières informations sur l'enseigne qui vous intéresse soit en rencontrant le franchiseur au cours d'un salon ou d'une conférence (les méthodes américaines de recrutement « de masse » lors de journées organisées autour d'une enseigne et annoncées par voie de presse ou d'Internet font également leur apparition en France), soit auprès de la FFF ou *via* les médias.

Conseil

Comment vous présenter à votre futur franchiseur?

- Soyez franc sur votre apport, donnez des chiffres précis.
- Précisez votre intention: franchisé investisseur ou franchisé exploitant.
- Indiquez vos préférences géographiques ou votre mobilité.
- Décrivez clairement la connaissance que vous avez du métier que vous allez peut-être, par le biais de la franchise, exercer. Certains franchiseurs modulent l'effort de formation en fonction du candidat mais, de toute façon, vous devrez vous former au concept et au savoir-faire spécifique du franchiseur.
- Ne perdez jamais de vue que, franchisé, vous êtes un commerçant indépendant: votre relation vis-à-vis du franchiseur n'est pas une relation de dépendance et d'assistance, c'est un contrat commercial dans le cadre duquel vous commercialisez en toute indépendance des produits ou services conçus par le franchiseur.
- Abordez tranquillement les questions de renouvellement de contrat, de fin de contrat, les clauses d'exclusivité...

Vous voulez maintenant en savoir plus ou proposer votre candidature. Vous allez prendre contact avec le responsable du développement ou le responsable franchise de l'enseigne – dans les petits réseaux, il peut s'agir du PDG ou du DG de l'enseigne. C'est avec ce ou cette spécialiste du développement en franchise, professionnel expérimenté en cet art délicat qu'est le recrutement des franchisés, que vous aurez votre premier entretien. À noter qu'il s'agit parfois d'un intervenant extérieur au réseau.

Si, de votre côté, vous avez déjà tenté d'évaluer le réseau que vous souhaitez rejoindre, le responsable franchise va faire de même. Lors

2

de l'entretien, il vous jaugera en vous posant des questions pratiques. De quel apport disposez-vous ? Où souhaitez-vous vous implanter ? Quelle expérience professionnelle apportez-vous, quels diplômes s'ils sont nécessaires ? Il pourra aussi utiliser les méthodes modernes du recrutement, vous soumettre à des tests et vous faire subir plusieurs entretiens. Il se peut aussi qu'il fonctionne « au flair » et, qu'après l'entretien, il vous explique que, décidément, non vous n'êtes pas fait pour son enseigne, même si vous en avez les moyens financiers.

N'hésitez pas à discuter avec lui de cette décision. La franchise n'est pas une recherche d'emploi au sens classique, c'est un véritable contrat qui lie un commerçant, présent ou futur, à une enseigne. Si vous avez été « recalé », il vous sera utile, pour vos recherches futures, de savoir pourquoi vous ne « collez » ni à l'enseigne ni à l'activité, ni – parfois – à l'état de commerçant.

4. S'INSTALLER EN FRANCHISE À L'ÉTRANGER

Le développement d'Internet a considérablement facilité la recherche d'informations sur les réseaux étrangers. Il est néanmoins toujours possible d'obtenir des renseignements sur ceux-ci à la FFF, chez UbiFrance, auprès des chambres de commerce françaises à l'étranger, mais aussi auprès de la presse qui traite de temps à autre de la question (en privilégiant bien souvent les concepts originaires des États-Unis). Sans oublier Franchise Expo et Top Franchise Méditerranée où, chaque année, sont présents quelques enseignes étrangères et des experts économiques : CCIE, représentations en France des administrations commerciales étrangères, représentants des fédérations étrangères de franchise.

L'Internet permet une première exploration de la franchise à l'étranger. La plupart des fédérations se sont dotées de sites dont une rubrique est toujours consacrée aux adhérents. Si l'on retrouve sur ces sites des concepts déjà présents en France, on peut aussi faire quelques découvertes et amorcer les premiers contacts.

Le site de la FFF propose une liste des fédérations de la franchise, adhérentes à la Fédération européenne de la franchise ou au World Franchise Council (WFC). Ces fédérations regroupent des réseaux de franchise, qui sont tenus de respecter le code de déontologie du pays concerné. En Europe, les quinze articles du code de déontologie sont communs à toutes les nations dont les fédérations nationales ont adhéré à la Fédération européenne; les annexes diffèrent en fonction des particularités nationales. La situation est plus contrastée au niveau mondial, mais les membres du WFC travaillent sur une base commune largement inspirée du code européen.

Vous pouvez bien sûr vous rendre à l'un des nombreux salons consacrés à la franchise de par le monde: de la Chine à l'Égypte en passant par la Malaisie, les États-Unis, la Belgique, l'Espagne. Ces salons sont présentés sur le site de la FFF (**www.franchise-fff.com**), un lien vous renvoyant vers les sites et les mails des organisateurs.

En pratique

Décrypter une annonce recherchant un franchisé

- **L'enseigne** – Il faut qu'elle soit clairement indiquée et accompagnée de son logo. Après tout, c'est ce que vous allez acheter... et commercialiser. Est-elle adhérente à la FFF, gage de respect de la déontologie?
- **L'activité et le marché** – La plupart des annonces les mentionnent clairement mais d'autres, jugeant l'enseigne suffisamment connue, en font l'économie. À vous de voir si cette prétention est justifiée.
- **La situation du groupe** – «L'un des plus grands fabricants», «L'un des premiers groupes européens»... Comment vérifier? Utilisez les comparatifs publiés par la presse économique ou spécialisée dans la franchise.
- **Le contrat** – Là, les choses se compliquent. Si les accroches «Ouvrez en franchise», «Devenez franchisé», «Rejoignez un réseau de franchise» sont claires, que penser de «Patron de votre entreprise»? «Votre propre affaire»? «Projet d'entreprise»? «Créer votre emploi»?

2

- **La nature et la forme de cette accession à l'entreprise** – Le texte de l'annonce doit les préciser... ce qui n'est pas toujours le cas. Quant aux libellés « distribution exclusive », « concession », « licence de marque », etc., ce sont des formes contractuelles qui ne sont pas propres à la franchise. Et le partenariat souvent invoqué dans les annonces n'en fait pas davantage partie. Accordez votre préférence aux annonces qui ne tournent pas autour du pot et qui appellent la franchise par son nom.
- **Les conditions d'entrée** – Elles sont assez rarement mentionnées. Au mieux, on vous indique l'apport personnel et le droit d'entrée. À vous d'en demander plus lors de votre premier contact. On a déjà parlé de ce qu'il fallait penser des publicités mirifiques du type « Ni droit d'entrée, ni royalties, ni redevance » (voir p. 18).
- **Les profils** – Ils sont souvent très flous ; recherche de franchisé n'est pas offre d'emploi ! Le plus petit commun dénominateur reste l'ambition, le désir de monter sa propre entreprise, le dynamisme, le goût du commercial... rien que de bien normal dans le contexte de la franchise.
- **Le contact** – Il est en général bien précisé, un numéro de téléphone étant un minimum. Certaines annonces n'en mentionnent pas et se réfugient derrière un moderne e-mail : pourquoi pas ? Mais la franchise est tout de même largement affaire de contact : un nom, un service spécifique à la franchise ou au recrutement sont un plus. Un conseil : évitez les enseignes qui vous répondent contre enveloppe timbrée.

LES ÉTAPES DE LA SIGNATURE DU CONTRAT

3

Vous avez eu un ou plusieurs contact(s) fructueux avec votre éventuel futur franchiseur et le courant passe. Il va donc bientôt être question entre lui et vous d'emplacement, d'étude de marché, d'ouverture de magasin, de formation, de savoir-faire, de manuel opératoire… et bien sûr de contrat.

1. LE CONTRAT DE FRANCHISE

Il n'existe pas de contrat de franchise type: la FFF ne vous en fournira pas et les franchiseurs ne vous le communiqueront que très rarement avant le délai de réflexion, qui est de vingt jours avant la signature et qui est prévu par la Loi Doubin désormais intégrée au Code commerce[1] (se reporter à la p. 63). Toutefois, le contrat de franchise, base même de l'accord que vous êtes en train de conclure avec le franchiseur, doit préciser un certain nombre d'éléments.

Les éléments que doit contenir le contrat de franchise sont: l'utilisation et la protection des signes de ralliement de l'enseigne, le savoir-faire et son application, la durée du contrat – et ses conditions de renouvellement, cession et résiliation –, et la définition des exclusivités le cas échéant.

1. Article L. 330-3.

À savoir

Le contrat de franchise, une définition juridique

Le contrat de franchise est: «le contrat synallagmatique à exécution successive par lequel une entreprise, dénommée franchiseur, confère à une ou plusieurs autres entreprises, dénommées franchisées, le droit de réitérer, sous l'enseigne du franchiseur, à l'aide de ses signes de ralliement de la clientèle et de son assistance continue, le système de gestion préalablement expérimenté par le franchiseur et devant, grâce à l'avantage concurrentiel qu'il procure, raisonnablement permettre à un franchisé diligent de faire des affaires profitables. Il est possible de le caractériser en disant que c'est un contrat d'enseigne, un contrat d'enseignement, un contrat de réitération.»

Extrait de *La Franchise, droit et pratique, 4e édition*, de Jean-Marie Leloup, Dalloz, Paris, 2005

L'enseigne

L'enseigne, qui a souvent été décisive dans votre choix, est essentielle au concept. Elle est le symbole de l'identité et de la réputation du réseau. Par le biais du contrat, votre futur franchiseur doit bien sûr vous faire bénéficier de ladite enseigne et des signes de ralliement qui s'y rattachent. Le contrat doit donc être clair sur la question de l'enseigne et de ses signes de ralliement. Un point est essentiel: au-delà de l'indispensable protection de la marque, le franchiseur doit avant tout en être propriétaire ou en avoir le droit d'usage.

Que sont l'enseigne et la marque? Quels sont ces signes de ralliement? Comment sont-ils protégés?

Les signes de ralliement d'une enseigne sont:

- le nom commercial;
- la raison sociale;
- l'enseigne;
- le concept architectural, le logo;
- la marque.

3

Ces notions paraissent identiques : il n'en est rien. Le **nom commercial** identifie un fonds de commerce. La **raison sociale** individualise la société commerciale (Robert Duval SA, par exemple). L'**enseigne** annonce le point de vente (Robert's Burgers, généralement accompagnée d'un logo). La **marque** identifie les produits, les objets et services commercialisés (Robert's Burgers, généralement accompagnée d'un logo).

Nom commercial, raison sociale et enseigne sont protégés par l'usage notoire – Robert Duval a été le premier à utiliser Robert's Burgers – et quiconque les utilise peut se voir intenter une action en concurrence déloyale tant que Robert Duval les utilise.

Conseil

Comment savoir avant la signature du contrat si votre franchiseur a pris les mesures nécessaires concernant sa marque ?

La Loi Doubin oblige le franchiseur à vous communiquer avant la signature du contrat « la date et le numéro d'enregistrement ou du dépôt de la marque, et, dans le cas où la marque qui doit faire l'objet du contrat a été acquise à la suite d'une cession ou d'une licence, la date et le numéro d'inscription correspondante au registre national des marques avec, pour les contrats de licence, l'indication de la durée pour laquelle la licence a été consentie ».

Vérifiez donc ce point avec la plus grande attention ! Si la marque n'est pas valide, le contrat de franchise peut être annulé. Même chose si la protection de cette marque n'est pas renouvelée par les soins du franchiseur.

La marque, elle, est protégée par son dépôt et son enregistrement à l'INPI (Institut national de la propriété industrielle) pour un temps indéfini, sous conditions de renouvellement. Quiconque les utilise sans l'autorisation de Robert Duval peut se voir intenter une action en contrefaçon.

À noter que la marque ne concerne pas uniquement les produits: depuis la loi du 31 décembre 1964, la marque de services (coiffeurs, réparations auto...) est pleinement reconnue en droit français.

Dans les signes de ralliement, figurent également les éléments d'aménagement et de décoration. Ceux-ci sont protégés soit par les lois sur la propriété artistique, soit par la loi sur les dessins et modèles. Ils concernent:

- l'aspect des produits vendus, par exemple les emballages des burgers de Robert, les gobelets, les serviettes, les cendriers...;
- l'aspect du point de vente dans tous ses détails, comme les comptoirs, la présentation des produits...

L'aspect doit être distinctif et original.

Quiconque utilise ces éléments et ces produits sans l'autorisation de Robert Duval risque également une action en contrefaçon. La durée de protection de ces aspects graphiques et matériels correspond soit à la vie du créateur augmentée de soixante-dix ans (loi sur la propriété intellectuelle), soit à cinquante ans (loi sur les dessins et modèles). Dans la pratique, ces aspects sont renouvelés tous les cinq ou sept ans – changement de logo, réaménagement du point de vente, modification du packaging... – pour des raisons liées tant aux lois qu'aux goûts de la clientèle, qui sont en constante évolution.

Le slogan – « De la moutarde, du ketchup, et Robert's Burgers », par exemple – est également un signe de ralliement de la clientèle. Comme les slogans atteignent rarement une grande originalité littéraire, comme le précisent les juristes, ils ne sont alors protégés que par la notion de priorité d'usage notoire.

Du point de vue de la franchise, la protection des signes de ralliement est importante à double titre. Elle est indispensable:

- pour le franchiseur, qui doit protéger ce qu'il va proposer par contrat à son futur franchisé;
- pour le franchisé, qui n'a pas vraiment envie de payer ce que n'importe qui copierait sans frais et sans conséquences juridiques.

3

Pour aller plus loin

Une adresse de site Internet – un nom de domaine Internet – est-elle un signe de ralliement? Non! Cependant, l'adresse du site Internet de votre franchiseur – et, le cas échéant, celle qu'il peut vous proposer d'adopter si vous-même ouvrez, dans le contexte de la franchise, un site Internet – doit obligatoirement avoir été achetée auprès d'un prestataire spécialisé.

- Si la marque a bel et bien été déposée, on ne peut pas l'emprunter dès qu'il s'agit d'un nom de domaine en **.fr**. Les articles 12 et 13 de la Charte de nommage du .fr (en ligne sur **www.afnic.fr**) interdisent les noms de domaine «portant atteinte aux droits des tiers», en particulier:
- à la propriété intellectuelle;
- aux règles de la concurrence et du comportement loyal en matière concurrentielle;
- au droit du nom, du prénom ou du pseudonyme d'une personne.

Ces articles limitent donc considérablement le champ de manœuvre des «cybersquatters», ces indélicats qui déposent à tour de bras des noms de domaine à base de noms connus et de marques, dans l'espoir de les négocier au prix fort.

Les procédures d'enregistrement en **.com**, **.biz** et autres terminaisons internationales sont moins sévères. L'ICANN (Internet Corporation for Assigned Names and Numbers, **www.icann.org**), l'organisme international de régulation, a lui mis en place des procédures de règlement accéléré concernant les litiges sur les noms de domaine.

Le savoir-faire

Pouvoir bénéficier par contrat de l'utilisation commerciale d'une enseigne ou d'une marque ne vous suffira pas, bien sûr, pour faire fructifier votre future franchise. Encore vous faudra-t-il obtenir le savoir-faire propre à l'enseigne. Nous avons déjà insisté sur cette notion: pour les juristes, le savoir-faire est fondamental lorsqu'il s'agit de franchise. Il n'y a pas de franchise sans mise à disposition et/ou transmission d'un savoir-faire du franchiseur au franchisé.

Le règlement communautaire sur les restrictions verticales 330/2010 du 20 avril 2010, texte qui exempte la franchise et certaines autres formes de commerce associé d'un certain nombre de dispositions sur les pratiques concertées et la concurrence contenues dans le traité de fonctionnement de l'Union européenne (TFUE), donne du savoir-faire la définition suivante: « un ensemble secret, substantiel et identifié d'informations pratiques non brevetées, résultant de l'expérience du fournisseur et testées par celui-ci. » Vous pourrez difficilement juger de ces qualités avant la signature du contrat, autrement qu'en recueillant les témoignages des franchisés de l'enseigne. Pour se protéger lui-même et protéger son réseau, le franchiseur ne pourra en aucun cas vous communiquer des informations concrètes sur son savoir-faire avant la signature du contrat. Le contrat vous précisera néanmoins la forme du savoir-faire et le mode de transmission choisi par le franchiseur: le manuel de procédures de son savoir-faire, des supports papier ou informatique, la formation prévue.

En pratique

Rien ne vous empêche de poser aux franchisés déjà en place des questions essentielles sur l'existence et la forme du savoir-faire, sans qu'il soit bien sûr question pour eux de dévoiler le contenu de ce savoir-faire, clause de confidentialité oblige.

- La forme sous laquelle le savoir-faire leur a été communiqué était-elle intelligible et satisfaisante?
- De quelle formation ont-ils bénéficié: théorique, pratique, lieu, durée, etc.?
- Continuent-ils de bénéficier d'une assistance lors de l'apparition de produits ou services nouveaux, qui renouvellent et enrichissent le concept et l'enseigne?

Une réponse négative à l'une de ces trois questions doit vous amener à vous interroger sur la «substance» du savoir-faire de votre futur franchiseur et sa capacité à transmettre son savoir-faire à d'autres personnes. Il n'est pas inutile de répéter que cette capacité est essentielle à la franchise et au franchiseur.

3

Les autres clauses du contrat

Le contrat doit naturellement vous préciser un certain nombre d'éléments concernant sa durée d'application, ses conditions de renouvellement, de résiliation et de cession, mais aussi le déroulement même de votre activité future. Hormis la marque et le savoir-faire dont nous venons de parler, voici les points sur lesquels votre vigilance et votre esprit d'analyse doivent porter tout particulièrement :

- l'aide à la recherche d'un local, à l'obtention de crédits, à la réalisation d'une étude de marché ;
- la localisation – le contrat de franchise vous lie à un local et une adresse donnés – et les conditions dans lesquelles vous pouvez changer de local ;
- les délais dans lesquels le magasin ou le point de vente doit ouvrir ;
- les éléments relatifs à l'aménagement du magasin – qui l'aménage et dans quelles conditions ;
- les éléments relatifs à la formation et l'assistance – l'existence d'une formation, sa durée et son contenu, son coût s'il y a lieu, les obligations éventuelles de formation spécifique des futurs salariés de l'entreprise franchisée ;
- le territoire d'exclusivité le cas échéant – votre futur franchiseur s'engage à n'accorder, par son contrat, aucun autre contrat de franchise sur un territoire clairement défini (ville, département, quartier…), ni à y ouvrir lui-même un point de vente et y précise en général les conditions sous lesquelles cette exclusivité ne s'applique plus, comme la création d'un centre commercial nouveau, le développement par la tête du réseau d'une activité de vente à distance… ;
- la durée du contrat, en nombre d'années généralement, et les conditions de son renouvellement – sa durée, son caractère tacite ou explicite – ou de sa dénonciation (par lettre recommandée le plus souvent) ;
- les conditions de confidentialité dans lesquelles le savoir-faire du franchiseur vous est transmiset les poursuites auxquelles

vous vous exposez si vous ne respectez pas cette clause de confidentialité;

- les droits d'entrée – montant, conditions de paiement – et l'exigibilité, le cas échéant, d'un nouveau droit d'entrée lors du renouvellement de votre contrat;
- les redevances diverses – directes (dites aussi royalties), publicitaires locales ou nationales, de formation... les montants et pourcentages devant être clairement indiqués;
- l'évolution du concept – le concept pour lequel vous vous engagez quand vous signez le contrat évoluera forcément dans le temps. Votre franchiseur peut vous préciser les conditions dans lesquelles vous prendrez connaissance de ces évolutions, les conditions dans lesquelles vous avez à les respecter, la formation prévue et l'impact sur les engagements pris;
- l'autonomie du franchisé, commerçant indépendant sous enseigne, sa responsabilité vis-à-vis des consommateurs, des fournisseurs et autres tiers. Le franchiseur vous rappelle en général que vous devez appliquer l'arrêt Neiertz du 21 février 1991, qui vous oblige à afficher votre qualité de commerçant indépendant de façon à la rendre visible à votre clientèle;
- l'obligation d'assurance de l'unité franchisée – ces clauses obligent en général le franchisé à prendre une assurance en responsabilité civile professionnelle, ce qui est la moindre des choses;
- la liberté du prix de vente – le franchiseur vous rappelle qu'il ne peut pas vous imposer des prix de vente pour ses produits ou ses services, mais seulement vous les conseiller... En revanche, il peut vous imposer des prix de vente maximum à ne pas dépasser.
- l'information due au franchiseur – vous communiquerez à ce dernier une information régulière concernant votre chiffre d'affaires, la cadence de vos ventes, vos stocks, etc.; le contrat précise le type d'information, la périodicité de ces informations, leur forme, leur utilisation par le franchiseur;

3

– les extensions du savoir-faire dans le domaine de la gestion et de l'utilisation des nouvelles technologies – site intranet pour la communication entre franchiseur et franchisé, site Internet pour la création de trafic tant à destination du franchiseur que du franchisé ;

Conseil

Le contrat ne vous est pratiquement jamais communiqué avant la phase précontractuelle. Entre le premier entretien et le moment où le franchiseur va vous remettre le contrat et les documents prévus par la loi Doubin, il peut se dérouler quelques mois durant lesquels vous allez :

- préparer votre changement d'activité ;
- avoir d'autres entretiens avec votre futur franchiseur ;
- préciser votre plan d'investissement avec votre établissement bancaire ;
- étudier les conditions de réussite de votre activité future. Vous pouvez notamment faire effectuer une étude de marché locale, le franchiseur étant de son côté tenu de vous donner des informations générales et locales sur son activité ;
- commencer à chercher un local ou un magasin (si vous ne l'avez déjà acquis) ;
- visiter d'autres franchisés du réseau.

Informez votre futur franchiseur de ces démarches : il est indispensable que le choix géographique (la ville ou le lieu bien sûr, mais aussi le type d'emplacement) se fasse en harmonie complète avec lui et dans l'intérêt du réseau de franchise. Et mettez à profit ces moments pour vous préparer le mieux possible à votre nouvelle carrière...

– l'approvisionnement du franchisé auprès du franchiseur, le degré d'exclusivité, les délais de livraison et de paiement ;
– les conditions de cession du contrat et ou du fonds de commerce, et du droit au bail ;

- les conditions de transmission du contrat en cas de décès ou d'incapacité majeure du franchisé (personne physique) ou de changement dans la société franchisée (personne morale);
- les clauses de résiliation du contrat ou, plus simplement, ce que vous ne devez pas faire si vous ne souhaitez pas que le franchiseur mette fin prématurément à votre contrat – comme, par exemple, mettre la clientèle en danger, divulguer un ou plusieurs éléments du savoir-faire, vendre d'autres produits ou services que ceux commercialisés par le franchiseur (si vous avez une exclusivité d'approvisionnement), vous mettre en infraction avec la législation économique;
- la juridiction compétente pour juger les conflits résultant de l'exécution du contrat ou de sa résiliation;
- les possibilités de médiation et d'arbitrage;
- les effets de la fin du contrat – restitution des éléments du savoir-faire, arrêt de l'utilisation de la marque, sort des stocks, nature de votre activité après la fin du contrat..., certains franchiseurs pouvant vous obliger par contrat à ne pas exercer une activité concurrente de leur concept pendant une durée déterminée fixée par la loi, ceci afin de protéger le savoir-faire et donc les autres franchisés du réseau.

Tous ces éléments n'apparaissent pas forcément dans le contrat que le franchiseur va vous proposer. Cela dit, plus le contrat est complet et précis, plus la situation est claire tant pour vous que pour votre futur franchiseur...

À savoir

Existe-t-il des contrats de franchise types? Non, mais le code de déontologie européen de la franchise, applicable en France (dont il est largement originaire), en fixe les points essentiels:

- les droits du franchiseur;
- les droits du franchisé;

3

- les biens et/ou services fournis au franchisé;
- les obligations du franchiseur;
- les obligations du franchisé;
- les conditions financières pour le franchisé;
- la durée du contrat, fixée de façon à permettre au franchisé d'amortir les investissements spécifiques à la franchise;
- les conditions de renouvellement, s'il y a lieu;
- les conditions dans lesquelles pourront s'opérer la cession ou le transfert des droits découlant du contrat, et les conditions de préemption du franchiseur;
- les conditions d'utilisation par le franchisé des signes de ralliement de la clientèle qui appartiennent au franchiseur, comme l'enseigne, la marque, la marque de service, le logo et tous autres signes distinctifs;
- le droit du franchiseur de faire évoluer son concept;
- les clauses de résiliation du contrat;
- les clauses prévoyant la récupération par le franchiseur de tout élément corporel ou incorporel lui appartenant en cas de cessation du contrat avant l'échéance prévue;
- les clauses de non-concurrence contractuelle et post-contractuelle.

N'hésitez pas à utiliser ces points essentiels comme première grille de lecture de votre contrat...

2. L'INFORMATION PRÉCONTRACTUELLE

Arrive enfin le jour où vous êtes vraiment sûr d'aller plus loin dans votre projet d'acquisition. Le franchiseur doit alors vous fournir encore quelques informations.

Dans les années 1970 et 1980, au moment de la grande expansion de la franchise, les franchiseurs n'étaient pas tenus d'informer leurs futurs franchisés. Les franchiseurs réunis autour de la Fédération française de la franchise, et quelques autres, respectaient fort heureusement le code de déontologie, dont la première version fut publiée dès 1972.

Le code de déontologie, ses évolutions successives et la prise de conscience par les pouvoirs publics de l'importance du développement du commerce associé, ainsi que les quelques dérapages retentissants que connut la franchise dans les années quatre-vingt, amenèrent ces pouvoirs publics (et le ministre du commerce de l'époque, François Doubin) à légiférer sur l'information précontractuelle dans les réseaux de commerce associé. Depuis le vote de la loi Doubin, le 31 décembre 1989, et la promulgation du décret d'application de son article 1, le 4 avril 1991, le franchiseur est tenu de fournir à son futur franchisé un certain nombre d'informations « sincères » (c'est ainsi que le formule la loi Doubin, voir les « *Infos++* » p. 196) sur son réseau et son activité.

La loi précise que le futur franchiseur doit communiquer ces informations et le projet de contrat à son futur franchisé, au minimum vingt jours avant la signature du contrat ou tout engagement financier préalable au contrat.

Nous avons vu en quoi consistait le contrat, mais il nous faut maintenant préciser le contenu de ces « informations sincères » – aujourd'hui plus connues sous le nom de *document d'information précontractuelle* ou, plus brièvement, DIP. La FFF tient à votre disposition un modèle de DIP (voir p. 207). Voici quelques conseils à suivre pour lire et utiliser ces données :

- **L'adresse du siège de l'entreprise et l'identité des dirigeants** vous permettent de mieux connaître la structure de votre futur franchiseur car, jusque-là, vous avez le plus souvent été en contact avec un développeur, un directeur de la franchise ou du développement, voire même dans certains cas, avec un conseil extérieur. Les domiciliations bancaires et le rappel des principales étapes de l'évolution de l'entreprise vous aident également à mieux juger de la solidité et de l'expérience de votre futur franchiseur, de même que les comptes des deux dernières années... Vous pouvez naturellement vérifier quelques-unes de ces informations auprès des tribunaux.

- **Les numéros d'immatriculation au registre du commerce, les dates d'enregistrement de la marque**…, vous permettent d'être certain que la tête de réseau, avec laquelle vous allez signer un contrat d'exploitation d'un concept commercial, est bien propriétaire de ce concept et le protège de façon satisfaisante.
- **La présentation de l'état général et local du marché des produits et services** devant faire l'objet du contrat peut être complétée et enrichie avec profit par une étude de marché que vous aurez commandée. L'état des lieux fourni par le franchiseur, s'il est souvent de qualité, peut parfois ne pas répondre aux questions spécifiques que vous vous posez. Futur franchisé, donc futur commerçant indépendant, vous avez naturellement le devoir de prendre votre activité en main…
- **La présentation du réseau d'exploitants** est un outil précieux. Il vous donne la possibilité de contacter les franchisés en activité. N'hésitez pas à les interroger sur leur activité, leurs relations avec le franchiseur, leurs satisfactions et leurs frustrations. Ne vous contentez pas d'un ou deux entretiens: vous pouvez tomber sur les deux franchisés « modèles » ou, au contraire, deux franchisés « jamais contents » du réseau. Si la taille du réseau le permet, contactez une dizaine de vos futurs homologues.

Le DIP vous permet aussi de connaître le nombre de franchisés qui ont quitté le réseau durant l'année écoulée et le motif de leur départ. La fin de leur contrat était-elle naturelle ou conflictuelle? S'est-elle bien déroulée?

3. LE COMPTE D'EXPLOITATION PRÉVISIONNEL

Il vous appartient d'établir ce compte d'exploitation en tant que futur entrepreneur responsable. Le franchiseur, dans le cadre de son obligation d'information précontractuelle, vous aura communiqué les éléments financiers spécifiques au concept et à votre relation de franchiseur/franchisé. Le chiffre d'affaires prévisionnel découlera de l'étude de marché que vous aurez faite et les charges telles que le loyer, charges salariales et fiscales seront fonction de votre implantation et donc de votre décision.

Au bout de ces vingt jours de réflexion, il ne vous reste plus qu'à décider. Quelques mois de discussion avec votre futur franchiseur, votre propre travail de recherche et d'investigation sur votre nouvelle activité et votre future enseigne, les conseils d'un juriste, ceux d'un expert-comptable, voire d'un banquier pour ce qui concerne la faisabilité de votre création d'entreprise, l'appui ou les réticences de votre famille et de vos amis, votre propre sensibilité et votre instinct... tous ces éléments doivent vous aider à peser le pour et le contre.

En pratique

Mettez à profit les vingt jours de réflexion précédant la signature du contrat pour suivre ces trois règles de base :

- contactez et interrogez au moins dix franchisés de l'enseigne ;
- établissez votre compte d'exploitation prévisionnel et faites-le examiner par un expert-comptable ;
- faites relire le contrat par un juriste.

Et si l'enseigne est une « jeune pousse » et que vous risquez d'en essuyer les plâtres en tant que premier ou deuxième franchisé ?

Oubliez alors la première règle sauf si l'enseigne, d'origine étrangère, se développe déjà en franchise dans d'autres pays. Essayez quand même de joindre quelques franchisés à l'étranger par le biais de votre futur franchiseur. N'oubliez pas non plus de vous renseigner sur cette enseigne auprès de la Fédération de franchise de son pays d'origine et soyez particulièrement vigilant quant aux deuxième et troisième règles mais aussi aux autres éléments d'information prévus par le DIP.

Vous avez listé les points qui vous attirent vraiment dans ce projet, ses avantages… mais aussi les questions pour lesquelles vous n'avez pas eu de réponse et les points qui vous déplaisent… Si d'ailleurs des questions importantes sont restées sans réponse mais que le concept vous attire toujours autant, vous pouvez demander à ce que le délai précontractuel soit prolongé. Enfin, décidez-vous, sereinement et sans précipitation, en ayant évalué tous les éléments de risque (qui peuvent d'ailleurs s'avérer plus motivants que tout le reste !).

FRANCHISÉ AU QUOTIDIEN

4

Les franchiseurs disent souvent qu'ils ont deux métiers: le leur (restaurateur, hôtelier, libraire, réparateur...) et celui de franchiseur. Franchisé, vous pouvez sans doute en dire autant: parallèlement au métier que vous allez exercer dans votre point de vente, sous l'enseigne que vous avez choisie et avec laquelle vous avez contracté, vous avez un second métier, celui de franchisé. Cela implique un certain nombre de règles, de compétences particulières, un savoir-faire et un vrai savoir-être... La réussite de votre entreprise dépend aussi de votre capacité à assimiler et à appliquer ces règles, rarement écrites.

1. CHOISIR UN EMPLACEMENT

À vrai dire, nous aurions pu présenter la question du magasin (ou du local ou du point de vente) et son emplacement au chapitre précédent. Tout dépend en fait de votre situation de départ et de la façon dont vous avez abordé cet élément avec votre franchiseur.

Sachez d'abord que tous les réseaux de franchise n'impliquent pas nécessairement le droit au bail d'un local ou d'un magasin: dans les secteurs des services aux personnes ou aux entreprises, vous pouvez parfois exercer votre activité à domicile ou dans un véhicule aménagé (camion, camionnette, voire vélo dans des cas certes extrêmes...). La plupart du temps toutefois, il vous faudra quand même soit acquérir le droit au bail – si vous ne l'avez déjà – d'un local existant, soit faire construire le lieu de votre activité commerciale.

Si vous êtes néophyte, il est important de vous familiariser avec les notions d'emplacement et de zone de chalandise, dont le franchiseur vous parlera sans doute dès les premiers entretiens. N'hésitez pas à utiliser les ressources de la chambre de commerce et d'industrie de votre département pour identifier et classer les emplacements commerciaux que vous visez. Même si cette classification est informelle (voir l'encadré ci-dessous), elle se révèle la plupart du temps très juste…

À savoir

Petit lexique des emplacements

Emplacement n° 1 – Crème des emplacements en centre-ville ou en centre commercial, c'est une zone de fort passage : rue commerçante reconnue, rue piétonne, galerie principale d'un centre commercial. Son coût varie dans le temps et selon les localités : un emplacement sur les Champs-Élysées à Paris coûte plus cher que dans la rue Sainte-Catherine à Bordeaux, même si ces deux rues sont de tout premier ordre. C'est l'emplacement requis par la plupart des enseignes de prêt-à-porter, coiffure, commerce alimentaire spécialisé (notamment les commerces de luxe). Sa surface est relativement modeste, de 20 à 400 m^2.

Emplacement n° 1 bis – C'est la même chose... juste en un peu moins bien.

Emplacement n° 2 – Il concerne d'abord les rues commerçantes de moindre importance et les zones résidentielles où la concentration commerciale est plus diffuse. On y trouve, par exemple, quelques enseignes du domaine de l'esthétique corporelle. En périphérie et sur les axes routiers à fort passage ensuite, c'est le domaine de la grande distribution (hypermarchés, magasins d'ameublement, jardineries, bricolage) mais aussi celui des équipementiers automobiles (réparation, vente, nettoyage), des chaînes hôtelières et de restauration, rapide ou à thème, des agences de location de véhicules.

4

Pour ces emplacements, le franchiseur demandera fréquemment la proximité d'une zone de parking.
Sachez enfin que les franchisés ne sont malheureusement pas toujours les bienvenus dans les grands centres commerciaux qui leur préfèrent, pour des raisons de sécurité financière, les succursales. Les lieux touristiques (notamment les musées), les aéroports et les gares sont en outre soumis à des règles de concession d'emplacement assez complexes...

En pratique

La zone sur laquelle votre point de vente doit pouvoir drainer sa clientèle de façon à retirer de son activité un chiffre d'affaires satisfaisant est fréquemment chiffrée en nombre d'habitants.
Si un petit commerce de proximité (supérette, par exemple) nécessite une zone de chalandise très réduite – 600 à 1000 habitants pour un quartier ou une rue... –, les commerces plus spécialisés ont besoin de zones de chalandise plus vastes – de 50000 à 100000 habitants pour une ville moyenne ou un département...
Cette notion permet à votre franchiseur, entre autres, de juger de la pertinence des implantations qu'il choisit et de celles que ses futurs franchisés peuvent éventuellement lui proposer. Elle lui sert également de critère dans la détermination des zones géographiques pour lesquelles ses franchisés disposent d'une exclusivité territoriale.

Certains franchiseurs proposent des concepts modulables qui sont fonction des emplacements et de la zone de chalandise. Ainsi, une chaîne de restauration proposera une formule « kiosque » (superficie réduite) qui convient à des zones de chalandise modestes, et un marchand de meubles concevra une surface « standard » et une surface « mini ».

La forme la plus courante de cette miniaturisation reste le corner : un commerçant héberge, en franchise ou sous une autre forme de commerce associé, un concept donné dans un environnement hors enseigne ou sous une autre enseigne.

Tous les scénarios sont donc possibles :

- *Vous entrez en franchise sans local, ou sans terrain, et sans idée précise du lieu où vous souhaitez vous installer* – La question du lieu d'implantation doit impérativement s'éclaircir au cours de vos entretiens avec le franchiseur, avant la signature du contrat. Le franchiseur peut bien sûr s'engager à vous trouver un local, mais ce n'est pas une obligation et il n'est pas interdit d'en rechercher un de votre côté. N'oubliez pas que vous êtes un commerçant indépendant, un entrepreneur responsable…
- *Vous arrivez sans local, mais avec une idée précise de l'endroit où vous souhaitez vous implanter* – La qualité de l'emplacement doit convenir à votre franchiseur et ne pas empiéter sur les zones d'exclusivité éventuellement déjà déterminées. Le franchiseur – et le fait d'être le futur franchisé d'un réseau doté d'une bonne notoriété – peut parfois vous aider à obtenir un emplacement qui ne vous serait pas accessible si vous étiez un commerçant isolé.
- *Vous arrivez avec un local qui ne convient pas au franchiseur* – Il vous faudra, la plupart du temps, céder ce droit au bail pour en acquérir un autre qui aura l'agrément du franchiseur, ou bien renoncer à entrer dans ce réseau.
- *Votre local et votre souhait d'implantation conviennent au franchiseur* – C'est évidemment l'hypothèse la plus satisfaisante… À noter que pour certaines enseignes, l'apport du local est indispensable.

2. S'INSTALLER

Le magasin

Quel que soit le cas de figure, le lieu de vente doit, pour l'ouverture du magasin, avoir été aménagé conformément au cahier des charges de l'enseigne. Votre contrat de franchise est en général assez précis sur cette phase et détermine clairement les rôles et les étapes.

Le franchiseur est tenu de vous transmettre la liste des équipements et les éléments nécessaires à la réalisation de vos démarches administratives. Il peut aussi prendre en charge le relevé des lieux et les plans d'aménagement du local, et vous proposer des listes de fournisseurs et d'entrepreneurs.

Concernant ces derniers, le contrat doit prévoir votre liberté de les choisir, l'essentiel étant que l'aménagement de votre local soit bel et bien conforme au cahier des charges prévu par votre franchiseur. Il faut savoir que certains « franchiseurs » mal intentionnés ont réussi, par le passé, à imposer leurs propres entrepreneurs, parfois même des sociétés dont ils étaient dirigeants, à des coûts exagérés.

Le coût de l'aménagement est à votre charge – le contrat le précise également – et doit donc faire partie de votre investissement prévisionnel.

Attention !

Si le contrat de franchise ne vous donne aucune indication sur l'aménagement du local, mettez à profit votre délai précontractuel (les fameux vingt jours de la Loi Doubin) pour éclaircir ce point avec le franchiseur. Les répercussions sur le coût et les étapes de l'installation peuvent être cruciales.

À terme, si votre local n'a pas été aménagé dans de bonnes conditions, c'est naturellement votre exercice de commerçant franchisé qui risque d'en pâtir.

La formation

Parallèlement à l'aménagement de votre magasin, vous allez obligatoirement suivre les stages et formations, plus ou moins longs, prévus par le contrat. La formation est le gage de l'existence d'un savoir-faire. Ces formations et stages sont essentiels à votre compréhension du concept et à l'exercice de l'activité professionnelle que vous allez exercer (peut-être même apprendrez-vous un nouveau métier). Certains contrats de franchise n'hésitent d'ailleurs pas à faire de votre absence ou de votre refus de les suivre une cause de résiliation expresse. Et même si ce n'est pas votre intention, nous ne saurions trop vous conseiller d'assister à toutes les formations proposées. Non seulement elles représentent pour vous le moyen d'assimiler et de vous approprier le concept de votre franchiseur, mais encore elles vous permettent de faire plus ample connaissance avec les intervenants du réseau : formateurs, animateurs, directeur du développement (ou du réseau ou de la franchise). Tous ces intervenants deviendront vos interlocuteurs privilégiés pendant toute la durée de votre contrat de franchise.

En pratique

Le Contrat d'appui au projet d'entreprise (CAPE)

Créer une entreprise, c'est toujours prendre un risque. Pour aider les candidats créateurs à franchir le pas plus facilement, le législateur a pris un certain nombre de dispositions, parmi lesquelles le Contrat d'appui au projet d'entreprise. Celui-ci permet à une entreprise expérimentée de proposer à un créateur une période de formation et de démarrage de l'entreprise, à l'issue de laquelle le nouvel entrepreneur peut véritablement se lancer en toute connaissance de cause.

Dans le cas de la franchise, l'« entreprise expérimentée » est bien sûr celle du franchiseur, qui peut ainsi, par le biais du CAPE qui n'est pas un contrat de travail, proposer une formation et un accompagnement au projet plus sécurisant. Quick Restaurants est le premier réseau de franchise à proposer ce dispositif à ses futurs franchisés.

Le principe du CAPE est issu de la loi du 1er août 2003 (Loi pour l'initiative économique), intégrée dans le Code de commerce, aux articles L. 127-1 à L. 127-7.

La durée de ces formations varie selon le réseau, la complexité du savoir-faire et votre propre expérience en la matière. De quelques jours à plusieurs mois, elles peuvent être prises en charge par le franchiseur et, dans ce cas, sont intégrées au coût dans votre droit d'entrée. Le contrat peut toutefois spécifier un paiement séparé des stages.

Vous aurez en général droit à une formation théorique, au siège ou dans un centre de formation agréé (un nombre croissant d'enseignes propose des formations dans leurs « écoles »), et à une formation pratique qui s'effectue dans l'un des magasins pilotes de l'enseigne ou chez un ou plusieurs franchisés, avant l'ouverture de votre propre point de vente. Intégrez ces formations à votre calendrier d'ouverture et sachez qu'elles s'effectuent parfois à l'étranger, notamment lorsque l'enseigne est d'origine étrangère.

Certains franchiseurs proposent également une assistance au moment de l'ouverture et lors des premiers mois d'activité.

Vous ne devez pas non plus oublier un détail important : la formation spécifique au concept peut aussi concerner le personnel que vous recrutez pour votre point de vente.

La plupart des réseaux offrent également des programmes de formation permanente ; certains sont facultatifs, d'autres sont obligatoires. N'hésitez pas à participer à ces formations qui accompagnent la mise en place des nouveaux produits, des évolutions nécessaires du concept, des modifications architecturales ou structurelles de fond ou de nouveautés plus générales... Ces évolutions modifient l'exercice de votre profession. Votre franchiseur doit donc les intégrer dans son savoir-faire et vous aider à les assimiler, s'il ne veut pas compromettre son avantage concurrentiel et le vôtre.

Le lancement de l'activité

L'ouverture d'un nouveau point de vente en franchise est toujours un événement pour le réseau. Certains franchiseurs, avec l'aide bien évidemment du franchisé, se servent de l'inauguration du magasin pour communiquer tant localement que nationalement sur l'enseigne. Sachez tirer parti de cette publicité pour vous faire connaître auprès de votre clientèle potentielle, des associations commerciales locales, de la chambre de commerce, de la presse locale, particulièrement lorsque vous êtes implanté dans un bourg ou dans une ville moyenne. La presse locale est parfois encore attachée au stéréotype de la franchise qui fait fi des particularités locales; cela dit, elle aime aussi les belles histoires, les succès commerciaux, les carrières (et les reconversions) réussies…

€xemple

Retour aux sources

Le réseau immobilier Guy Hoquet l'Immobilier a fêté sa 600e agence en septembre 2007 avec une ouverture en franchise dans la ville de Carentan – par ailleurs ville natale du fondateur de l'enseigne, Guy Hoquet. Ce fut l'occasion de faire de cette ouverture un événement local en mobilisant non seulement les élus du Cotentin, mais aussi les commerçants de la ville et les franchisés du réseau. Ce qui finit toujours par occasionner des retombées positives pour l'ensemble du réseau…

Au moment du lancement, vous penserez donc, avec ou sans le soutien actif du franchiseur, à publier des insertions, payantes ou non, dans la presse locale, à distribuer des prospectus sur la voie publique (imprimés, bien sûr, sur papier recyclé), à monter un événement presse que vous aurez programmé au préalable sans oublier les opérations spéciales et les cadeaux d'accueil à vos nouveaux clients… Du reste, le manuel opératoire du franchiseur peut fort bien prévoir ce type d'animation mais, si tel n'est pas le cas, à vous d'y réfléchir et d'agir.

Vous n'oublierez pas non plus de vous inscrire dans les annuaires nationaux – pages jaunes, pages soleil… – et locaux en mentionnant votre enseigne et votre qualité de franchisé. Et vous veillerez bien sûr à ce que votre franchiseur, de son côté, vous fasse bel et bien figurer dans ses diverses listes et moyens de communication détaillés.

4

En pratique

Les franchiseurs sont de plus en plus nombreux à ouvrir des sites Internet (voir le chapitre 7), en très grande majorité dédiés à la présentation de l'enseigne et de ses points de vente.

L'une des raisons d'être de ces sites consiste à créer du trafic pour les boutiques et les magasins de l'enseigne. Vous veillerez donc, lorsque votre enseigne dispose d'un tel site, à ce que votre ouverture y soit annoncée et que vos coordonnées, une fois l'ouverture effectuée, y soient correctement inscrites.

Le signalement sur Internet est un plus pour votre magasin...

En dehors du moment de l'ouverture, le franchiseur peut, contractuellement, vous obliger à dépenser une certaine somme ou un certain pourcentage de votre chiffre d'affaires en publicité locale. Faites de cette contrainte une opportunité et investissez dans cette publicité locale *via* des communiqués de presse, la présentation d'opérations spéciales et de promotions, l'affichage local et la distribution de prospectus, le marketing direct par tous les moyens qui conviennent à votre activité, du courrier au SMS.

Il ne vous faut pas négliger les possibilités que peut aussi vous offrir Internet (reportez-vous au chapitre 7) : ouverture d'un mini-site Internet en conformité avec votre contrat, présence du magasin sur une galerie virtuelle ou une rue commerçante virtuelle – certaines municipalités et quelques centres commerciaux commencent à développer des outils dans ce domaine –, envoi de messages par Internet, blog de franchisé... Et bien sûr, si votre contrat ne prévoit aucune obligation concernant des dépenses sur le poste de la publicité locale, prenez quand même les mêmes dispositions... Et pensez à participer, dès votre installation, aux associations de commerçants locales.

Ces associations de commerçants sont, elles aussi, de plus en plus dynamiques. Leurs activités ne se confinent pas à la décoration des rues au moment de Noël. Elles sont nombreuses à mettre en place des actions d'animation et de fidélisation de la clientèle (en centre-ville, centre commercial, périphérie) dont l'impact n'est pas vraiment négligeable: cartes de fidélité, concours, mises en place de services réservés aux adhérents de l'association, actions diverses qui peuvent se traduire par une augmentation significative de la fréquentation des zones commerciales. D'après l'enquête annuelle sur la franchise[1], les franchisés étaient plus de 40 % en 2010 à adhérer à ces associations.

3. LA VIE DU RÉSEAU

En plus de votre activité commerciale normale, vous allez également participer à la vie du réseau de franchise avec lequel vous avez contracté.

Transmettre vos informations

Le premier degré de cette participation concerne la transmission des informations concernant votre activité: chiffre d'affaires, nombre de couverts servis, nombre de mandats réalisés, commandes, stocks…

Communiquer des informations à votre franchiseur peut être l'une de vos obligations contractuelles et le fait de vous y dérober peut alors constituer une cause de résiliation de votre contrat. Respectez vos engagements et transmettez ce que vous demande le franchiseur par les méthodes dont vous avez convenu ou qui sont prévues par contrat: courrier, téléphone, intranet ou logiciels de transmission informatique divers. De surcroît, le mode et les outils de transmission utilisés sont souvent intégrés par le franchiseur au savoir-faire, base de votre activité.

Il ne s'agit pas nécessairement pour le franchiseur d'exercer un contrôle à sens unique sur votre activité – encore qu'un tel contrôle est nécessaire au bon fonctionnement et à la bonne réputation du

1. Enquête annuelle sur la franchise, Banque Populaire, FFF, CSA.

réseau –, c'est aussi pour lui un moyen de vous aider à prévenir ou pallier d'éventuels fléchissements d'activité.

En pratique

L'animateur, pivot du réseau de franchise

D'après l'enquête annuelle sur la franchise (Banque Populaire, FFF et CSA), plus de 85 % des réseaux ont déjà recruté un animateur et 81 % des franchisés les rencontrent régulièrement.

Pièce maîtresse du réseau, le rôle de l'animateur est d'épauler les nouveaux franchisés à s'installer, et de rencontrer régulièrement les franchisés en place pour les aider à faire remonter l'information et vérifier qu'ils appliquent le concept du franchiseur dans les limites définies par le contrat. Il peut aussi transmettre au franchisé des éléments de formation sur le métier ou la gestion du magasin et faire remonter questions et suggestions du franchisé. Il est donc en contact régulier, côté franchiseur, avec le directeur de réseau, les responsables de la formation et du développement.

Le plus souvent en déplacement, l'animateur est le baromètre du réseau. Si le franchisé rencontre des problèmes dans la gestion de son magasin, l'animateur peut intervenir au plus vite, et au plus précis. À l'inverse, lorsque le franchiseur prend conscience d'un fléchissement des chiffres ou d'un défaut de transmission d'informations dans son réseau, il peut demander à l'un de ses animateurs d'intervenir avant que les problèmes ne s'aggravent... Le poste exige capacité d'écoute, humilité et recul. Dans la prise de contact avec un réseau, n'oubliez pas de vous renseigner auprès des franchisés sur la qualité des animateurs; c'est un critère de choix.

Prendre la parole, participer

On dit souvent que les franchisés sont de plus en plus professionnels, mais il en va de même des réseaux de franchise et de leurs développeurs qui misent de plus en plus souvent sur des modes d'animation sophistiqués.

Franchisé d'un réseau, vous serez invité à des conventions, généralement annuelles, qui alternent distractions, sessions de formation, de stimulation et de partage des meilleures pratiques... Vous serez aussi destinataire et quelquefois corédacteur de lettres ou de sites Internet réservés aux membres du réseau. Vous participerez parfois à des opérations visant à améliorer les performances de vente dans le réseau. On pourra également vous demander de contribuer à la formation de nouveaux franchisés. Votre témoignage, et donc votre parcours et votre profil, pourra être utilisé en termes de communication interne ou externe.

Dans le cadre des activités de la Fédération française de la franchise, et si votre réseau en est adhérent, vous aurez la possibilité de participer aux instances de dialogue franchiseurs/franchisés, et aux stages et séminaires de formation où vous serez amené à témoigner de votre expérience de franchisé.

À partir de 2008, le conseil d'administration s'est ouvert aux franchisés des réseaux adhérents à la FFF: 3 sièges leur sont réservés sur les 19 que compte désormais ce conseil très actif dans le monde de la franchise et du commerce organisé.

Le cas particulier des associations, groupements, comités ou commissions de franchisés

Un certain nombre de réseaux mettent en place des comités, groupements ou associations de franchisés. Qu'en attendent-ils? Ces associations et groupements ne font-ils pas double emploi avec les instances d'animation et de développement du réseau?

De fait, la pratique du terrain acquise par les franchisés leur permet, dans le meilleur des cas, de proposer ou de susciter des changements tant dans la structure du réseau – modes de transmission des informations, communication, instances de dialogue et de prévention des conflits – que dans la mise en pratique du concept et de ses évolutions. Ainsi, un comité de franchisés pourra contribuer à la mise en place d'un nouveau logo, d'un nouveau concept architectural ou d'un système de réservation en acceptant, par exemple, de

4

le tester et d'en préciser les difficultés pratiques ou financières. Comme le dit le président de l'une de ces structures, un comité de franchisés peut s'avérer un aiguillon efficace.

Les choses ne se passent pas toujours aussi bien et l'on assiste, dans certains réseaux, à la constitution d'associations autour d'une problématique donnée. Dans la théorie, rien ne s'oppose à la constitution de telles associations. En pratique cependant, on constate assez souvent que, nées d'un conflit et d'une absence de confiance et d'équilibre entre le franchiseur et ses franchisés, ces associations sont fragiles et peu enclines à la résolution réelle du conflit en question.

De son côté, le franchiseur en vit mal l'apparition et peut réagir avec méfiance. Le conflit s'envenime alors et le recours à des conseils juridiques ou des intervenants extérieurs eux aussi « polarisés » – les uns défendant plutôt les franchiseurs, les autres plutôt les franchisés – peut rendre les relations au sein du réseau encore plus complexes.

En bref, les comités ou associations de franchisés peuvent constituer une force de cohésion dans un réseau donné, essentiellement lorsqu'elles agissent dans un contexte dépassionné et qu'elles ne considèrent pas systématiquement le franchiseur (donc, d'une certaine manière, le réseau qu'il a constitué) comme un adversaire, voire comme un obstacle. On a même vu, dans des contextes très particuliers de cession de réseau, des groupements de franchisés devenir… franchiseurs.

Ce qu'un franchisé peut apporter à un réseau et à un savoir-faire

Les principes directeurs du code européen de déontologie de la franchise et les annexes le précisent bien : le franchisé « doit s'impliquer dans la vie du réseau ». D'ailleurs, les instances de dialogue et de participation, et plus généralement le mode de fonctionnement du réseau, vont parfois vous donner l'occasion de proposer au franchiseur des innovations et des améliorations du savoir-faire.

Reste que le savoir-faire est bel et bien la propriété du franchiseur et que sa promotion, son amélioration, son développement relèvent des devoirs du franchiseur.

Les évolutions du réseau

Comme vous le constaterez au cours de votre contrat, les réseaux sont en constante évolution, évolution qui a des répercussions sur votre activité :

- Ils se développent, plus ou moins rapidement, ce qui peut entraîner pour vous des difficultés en matière de suivi.
- Ils subissent au contraire des concentrations plus ou moins volontaires dont vous pâtirez si le réseau est en perte de vitesse : appauvrissement du suivi, conséquences néfastes à terme sur la clientèle et sur les bénéfices des magasins franchisés.
- Ils optent pour un autre type de développement – autres formes de commerce associé, succursales… – et vous est alors proposé un changement de statut (nouveau contrat, rachat).
- Ils changent de logo – en règle générale, tous les sept à dix ans – et de nom. Le changement de logo ou de nom entraîne souvent une modification architecturale qui a un coût et qu'il vous faut absorber (si vous étiez commerçant sans enseigne, vous devriez de toute façon procéder à des rénovations périodiques de votre magasin…). Ces deux opérations, qui correspondent à une stratégie de communication et de maîtrise de l'image, s'accompagnent généralement d'un solide plan de communication et la transformation des magasins se fait en général progressivement, selon les moyens de chacun.

  Le changement de concept est parfois plus difficile à accepter et ne peut vous être imposé : vous pouvez juger qu'il n'est pas adapté à votre emplacement ni à votre clientèle. Si les modifications du concept sont profondes (changement de clientèle, de produit…), le franchiseur doit vous proposer un nouveau contrat ou un avenant à l'ancien contrat, afin de reformuler les droits et devoirs de chacune des parties.

4

Dans tous les cas, faites-vous préciser le calendrier de mise en œuvre de ces innovations, ainsi que l'assistance et la formation prévues. Dans leur très grande majorité, ces changements sont toutefois indispensables au réseau. Ils lui permettent de rester en phase avec les consommateurs dont les goûts, les exigences et les désirs évoluent, mais ils donnent aussi la possibilité d'assimiler les nouvelles techniques afin de conserver son avantage concurrentiel, ce qui est tout à votre avantage aussi.

Exemple

Changement de concept et de look

Les chanteurs de soul ne sont pas les seuls à vouloir changer de nom et d'apparence. C'est aussi ce qui est arrivé – avec un succès certain – à l'enseigne VillaVerde, autrefois connue sous le nom d'Espace enchanté Vilmorin.

Ce réseau de jardineries animaleries, qui comprend plus de 80 magasins – grosses structures de 3000 à 6000 m^2, dégageant en moyenne un chiffre d'affaires de 2,2 millions d'euros – s'est prêté en mars 2006 à un changement de nom et d'apparence, du jour au lendemain... Naturellement, les dirigeants du réseau avaient soigneusement préparé l'affaire avec les franchisés, consultés à toutes les étapes de cette métamorphose dont la préparation a duré deux ans. Le dévoilement du nouveau nom et du logo a fait l'objet d'une convention extraordinaire en octobre 2005 et 80 % des franchisés ont accepté de jouer le jeu de la métamorphose, laquelle s'est effectuée en quelques jours début mars 2006..., avec des résultats immédiats sur la visibilité et la fréquentation des magasins. Cette évolution du concept n'aurait pas pu se faire sans la consultation et la participation des franchisés de l'enseigne.

- Ils sont rachetés soit par une autre enseigne, soit par un autre groupe d'investisseurs, ce qui peut entraîner tout ou partie des évolutions décrites ci-dessus, positives ou négatives. Les

termes de votre contrat initial peuvent vous permettre de le renégocier ou de le résilier.
- Leurs dirigeants peuvent changer. Cette dernière évolution peut avoir des conséquences humaines importantes dans les réseaux qui se sont constitués autour de franchiseurs à forte personnalité.

Conseil

Ne soyez jamais hostile au progrès ni aux évolutions de votre enseigne. Les concepts vieillissent, même si certaines enseignes ou marques conservent depuis plus d'un siècle une très forte notoriété et un avantage concurrentiel indéniable : avec le même nom, elles ont su faire évoluer leur concept.
Une illustration immédiate, hors du domaine de la franchise, est celle du grand magasin parisien, Le Bon Marché, qui a gardé sa réputation de valeur sûre de la rive gauche tout en pratiquant une politique de distribution bien éloignée des articles prêt-à-porter et « bon marché » de ses débuts.

Évoluer au sein de votre enseigne

Vous pouvez vous contenter d'exploiter tranquillement, pendant trois, cinq ou sept ans, votre commerce ; ce qui représente déjà un travail considérable. Mais vous pouvez aussi avoir envie d'acquérir en franchise d'autres magasins de la même enseigne – vous devenez alors multifranchisé – ou des magasins d'une autre enseigne, pour les exploiter séparément ou en synergie mais toujours dans le respect de vos divers contrats de franchise.

Ce cas de figure se développe bien, par exemple, dans l'automobile : on voit ainsi surgir des « villages automobiles » où le chef d'entreprise possède en franchise une agence de location, un garage, des stations de nettoyage, un magasin d'accessoires et, pourquoi pas, un établissement de restauration rapide. On peut aussi imaginer des « villages alimentaires » ou des mariages « sucré salé » – une sandwicherie et un marchand de glaces – pour répondre avec une efficacité redoublée aux besoins et aux envies des consommateurs.

Exemples

Du pain aux fleurs

Christophe Huet a connu au tout début de sa carrière les aléas de la restauration d'autoroute, métier itinérant qu'il a quitté pour devenir salarié dans un magasin franchisé du réseau La Mie câline. Curieux et entreprenant, Christophe Huet a bientôt monté un projet de franchise dans ce même réseau, à Rennes : un premier magasin suivi d'un deuxième établissement à Saint-Malo. Cela lui a permis, paradoxalement, de prendre un peu de recul : « On ne parlait plus que de ça à la maison ! Mais avec deux magasins, on passe d'un métier de commerçant pur à quelque chose qui mêle gestion et commerce... » À ces deux magasins, Christophe Huet et sa femme ont adjoint en 2006 un magasin de fleurs en franchise, sous enseigne Happy.

Novotel aux champs

En 1969, Jacques Fayet cultivait ses terres du côté de Reims, tout près du trajet de l'autoroute A4, alors en projet. Contacté par l'enseigne Novotel, qui cherchait des terrains pour implanter l'un des premiers Novotel en franchise, Jacques Fayet en profita pour changer de métier ! Il est aujourd'hui, avec son fils, multifranchisé du groupe Accor : deux Novotel, un Ibis, un Etap'Hôtel, un Formule 1 et un Courtepaille... Plus un autre Etap'Hôtel en perspective...

4. LE RENOUVELLEMENT DU CONTRAT

En tant que franchisé, vous êtes donc très occupé entre votre magasin, ses évolutions et votre participation éventuelle à la vie du réseau. Les années passent et arrive le moment où il vous faut renouveler, ou non, votre contrat. Comment anticiper ? Comment procéder ?

Le renouvellement concerne les contrats à durée déterminée. Ce sont les plus fréquents car ils permettent aux deux parties de vivre sans le risque d'une rupture du contrat à tout moment. Ce n'est pas le cas du contrat à durée indéterminée. Si ce dernier vous semble, à première vue, plus protecteur, en réalité il ne l'est pas.

Parmi les points essentiels minima du contrat, le code européen de déontologie de la franchise (voir p. 192, article 5.3) détermine les conditions de son renouvellement. L'annexe 14 de ce code prévoit également que « le franchiseur informe le franchisé avec un préavis suffisant de son intention de ne pas renouveler l'ancien contrat arrivé à son terme ou de ne pas signer un nouveau contrat. »

De même, il existe une obligation déontologique essentielle : avant que le contrat ne soit renouvelé, il est nécessaire que la durée initiale du contrat ait permis au franchisé d'amortir les investissements spécifiques à la franchise (article 5.3 du code de déontologie). La durée du contrat est donc bien un élément à intégrer dans votre plan de financement initial.

Le renouvellement express

Le renouvellement express signifie qu'il faut un nouvel accord de volonté des parties pour que leurs relations commerciales soient maintenues. Dans cette hypothèse, les parties concluent un nouvel accord dont les dispositions ne sont pas forcément identiques au premier. Il est alors nécessaire que le franchiseur informe le franchisé des modifications substantielles du nouveau contrat : par exemple, la réduction ou la disparition de l'exclusivité territoriale.

Il est indispensable que le contrat prévoit une durée de préavis qui permette au franchiseur et au franchisé d'entamer une négociation sur les conditions de renouvellement du contrat. Au titre de ces pourparlers, le franchiseur pourra, par exemple, demander au fran-

4

chisé d'investir un certain montant pour la rénovation de son point de vente afin que celui-ci respecte les standards de l'enseigne. La durée du préavis est, en général, indiquée dans le contrat. En l'absence de clause sur ce point, le préavis doit tenir compte de la durée de la relation commerciale. Il doit aussi respecter la durée minimale de préavis déterminée, en référence aux usages de commerce, par des accords interprofessionnels (article 36 de l'ordonnance n° 86-1243 du 1er décembre 1986, devenu l'article L. 442-6 du Code du commerce).

Le renouvellement par tacite reconduction

Le renouvellement par tacite reconduction signifie, lui, que, dans le silence des parties, le contrat est maintenu dans ses termes initiaux. Le contrat est prolongé pour une durée équivalente au premier contrat ou pour une autre durée, cette information devant préalablement figurer dans le contrat initial.

Le renouvellement par tacite reconduction présente quelques inconvénients majeurs: il ne reflète pas les évolutions du savoir-faire, ni même de la loi ou de la jurisprudence puisqu'il ne donne lieu à aucune négociation nouvelle sur la base d'un avenant ou d'une remise à plat du contrat. Le contrat renouvelé par tacite reconduction risque donc de ne plus être en adéquation avec le savoir-faire, ou même devenir illicite au regard du droit. Dans votre intérêt comme dans celui du franchiseur, le renouvellement express du contrat est recommandé.

LA FIN DU CONTRAT ET LA QUESTION DES CONFLITS

5

1. LA FIN DU CONTRAT

Comme vous le savez maintenant, la franchise est un mariage de raison et d'intérêts qui peut finir soit par une séparation à l'amiable..., soit dans une atmosphère de rupture plus désagréable. Cette fin du contrat est souvent précisée dans le contrat qui vous lie au franchiseur (p. 62) et vous devez toujours garder à l'esprit les diverses modalités de cette fin, ou de sa résiliation : vous serez ainsi mieux préparé à sa fin « naturelle » – vous êtes arrivé au bout des cinq ou sept ans prévus et vous avez envie de « changer d'activité » – pour éviter, autant que faire se peut, une rupture brutale.

La fin « naturelle » du contrat

Comme nous l'avons déjà dit, la plupart des contrats de franchise sont à durée déterminée, une durée écrite noir sur blanc dans votre contrat. Votre contrat prend fin, bien sûr, lorsque son terme est échu. Votre franchiseur peut alors choisir de le renouveler ou non, et il n'est pas tenu de justifier son refus de renouvellement. Il en va ainsi de tous les contrats qui lient un réseau à un distributeur. De son côté, le franchisé a lui aussi bien sûr le droit de ne pas souhaiter renouveler son contrat sans avoir à se justifier...

Le contrat à durée indéterminée, assez rare dans la pratique, peut quant à lui être résilié à tout moment, moyennant le respect d'un préavis suffisant, sauf à démontrer un abus de droit.

Qu'il s'agisse d'un contrat à durée déterminée ou indéterminée, il faut cependant que vous et votre franchiseur respectiez un préavis suffisant.

La raison de respecter un délai est simple :

- le franchiseur doit savoir, dans l'intérêt du réseau, ce qu'il advient du magasin ou du point de vente que vous exploitez ;
- vous, franchisé, devez prévoir le sort de votre entreprise, qui est étroitement lié – on le comprend – à celui du renouvellement du contrat de franchise.

Ce préavis doit correspondre à ce que précise le contrat. En général, il est de trois à six mois.

En l'absence de clause prévoyant un délai de préavis, ce dernier doit tenir compte de la durée de la relation commerciale et respecter la durée minimale de préavis déterminée – en référence aux usages du commerce – par des accords interprofessionnels. N'hésitez pas, si le contrat est muet à cet égard, à joindre la fédération professionnelle qui correspond à votre activité pour avoir une idée des usages en vigueur dans votre secteur.

En pratique

Intégrez à votre calendrier cet élément de fin de contrat qu'est le préavis (voir p. 86).

Les dates du préavis sont à marquer d'une pierre blanche et le passage à une autre activité possible – pourquoi pas une autre franchise, du reste ! – se prépare parallèlement à la fin du contrat en cours.

Le contrat est résilié par l'une des deux parties, avant son terme

Un contrat est un contrat et, en tant que tel, il ne peut être révoqué que par le consentement mutuel de ceux qui l'ont formé, ou pour une cause que la loi autorise. L'engagement qui vous lie à votre

5

franchiseur demeure donc pendant toute la durée du contrat. Décider d'y mettre fin avant l'expiration est un acte qui doit être justifié. Seule une faute grave commise par l'une ou l'autre des parties peut légitimer une résiliation du contrat avant l'arrivée du terme.

Attention, cette résiliation peut prendre deux formes :

- *la résiliation expresse* (sans délai ni formalité judiciaire), si la faute ou la raison en est considérée comme très grave par le franchiseur. Vous êtes averti de cette résiliation expresse par lettre recommandée avec accusé de réception ;
- *la résiliation avec sommation* où le franchiseur vous demande par lettre recommandée avec accusé de réception de « redresser votre comportement » dans un délai qu'il fixe.

Votre contrat de franchise (p. 59) peut contenir un certain nombre de clauses de résiliation. En voici quelques exemples :

- vous avez dissous votre société commerciale ou vous vous révélez incapable, pour diverses raisons, de la gérer ;
- vous avez dû mettre votre société en liquidation judiciaire ;
- vous n'avez pas respecté la confidentialité du savoir-faire de votre enseigne ;
- vous n'avez pas réussi à ouvrir le magasin à la date prévue ;
- vous avez transmis des informations commerciales erronées au franchiseur ;
- vous n'avez pas respecté le caractère *intuitu personae* du contrat de franchise ;
- vous avez refusé de suivre des formations ou des stages proposés par le franchiseur ;
- vous avez commercialisé des produits ou des services autres que ceux prévus par le contrat de franchise sans en référer au franchiseur et votre contrat comprend une clause d'exclusivité d'approvisionnement ;
- vous avez refusé des visites de contrôle ;
- vous avez de diverses façons porté atteinte à l'image de marque de l'enseigne.

Le franchiseur a de son côté un certain nombre d'obligations et, s'il ne les respecte pas, vous pouvez remettre le contrat en cause :

- le franchiseur ne vous transmet pas son savoir-faire ;
- il ne vous communique pas les évolutions du savoir-faire ;
- il ne vous assiste pas aux stades divers de l'exécution du contrat de franchise, contrairement à ce qui est prévu dans celui-ci ;
- il ne met pas à votre disposition les marchandises que vous commercialisez sous son enseigne.
- le franchiseur n'a pas protégé les signes de ralliement de la clientèle.

Naturellement, votre franchiseur ou vous-même pouvez avoir interprété les événements avec précipitation, et la faute invoquée peut ne pas exister. En l'absence de faute réelle justifiant une résiliation, la partie qui a subi un préjudice – votre franchiseur ou vous-même – peut obtenir une indemnité de rupture abusive, si elle apporte la preuve de l'abus de droit. Le cocontractant qui a commis l'abus est en général condamné au versement de dommages et intérêts qui viennent réparer le préjudice subi. Ce sont les tribunaux ou les chambres arbitrales qui tranchent.

2. LES CONFLITS ENTRE FRANCHISEURS ET FRANCHISÉS

Ces conflits peuvent apparaître à différents stades de votre relation contractuelle avec le franchiseur : avant la signature, pendant le contrat ou à la fin du contrat. Voici les scénarios les plus courants, avec quelques éléments de jurisprudence. La liste n'étant pas exhaustive, nous ne saurions trop vous conseiller de vous adresser à la Fédération française de la franchise pour en savoir plus…

Les litiges liés à la période d'information précontractuelle

- **Le non-respect de la Loi Doubin**

Votre franchiseur, on l'a vu aux chapitres précédents, est tenu de vous fournir un certain nombre d'informations, au minimum vingt

5

jours avant la signature du contrat de franchise ou avant la remise de toute somme d'argent. Quelle sanction encourt le franchiseur s'il ne respecte pas cette obligation ?

Attention !

Soyez bien sûr vigilant sur le respect de la loi Doubin. Si aucune loi ne vous interdit de signer un contrat de franchise sans avoir au préalable recueilli d'informations sérieuses sur le réseau, la chose n'est guère prudente. Il est plus facile de ne pas signer si vous ne vous sentez pas pleinement en confiance, que de vous engager pour faire ensuite marche arrière, d'autant que l'annulation d'un contrat peut coûter du temps et de l'argent...

Le contrat de franchise peut être annulé si le défaut d'information a conduit à « vicier le consentement du candidat à la franchise ». Autrement dit, si vous arrivez à prouver que vous n'auriez pas signé si vous aviez eu connaissance des informations prévues par la Loi Doubin, vous pouvez en effet faire annuler le contrat.

Si le franchiseur n'a pas respecté le délai, c'est la même chose : il faut que vous puissiez prouver que votre consentement a été vicié par le non-respect du délai légal par le franchiseur.

- **La communication incomplète de l'état du marché**

Il s'agit d'un cas particulier qui prête souvent à confusion. La loi Doubin prévoit que le franchiseur doit vous transmettre un état du marché général et local. Cet état, on l'a déjà dit, ne vaut pas étude approfondie et théorique du marché et les juges le rappellent assez souvent. N'hésitez donc jamais à faire réaliser de votre côté une étude de marché avant la signature du contrat pour valider votre projet d'entreprise.

Autre précision d'importance, la personnalité et l'expérience des contractants peuvent jouer un rôle dans le jugement d'un vice de consentement lié à un défaut d'information. Si vous êtes un professionnel expérimenté du commerce et que vous connaissez très bien le secteur d'activité de l'enseigne que vous avez choisie, les juges peuvent considérer d'un autre œil une éventuelle demande de dommages et intérêts pour non-respect de la loi Doubin.

À titre d'exemple, la Cour d'appel de Nîmes a rejeté une demande d'un franchisé en dommages et intérêts pour non-respect de la loi Doubin et manquement du franchiseur dans son obligation de fournir une description de l'état du marché. En effet, le franchisé était un professionnel particulièrement averti, qui avait effectué toute sa carrière dans la grande distribution de magasins appartenant au même secteur d'activité que le franchiseur. En conséquence, ce franchisé ne pouvait guère se présenter comme un néophyte incapable d'apprécier la proposition du franchiseur…

- **La communication d'un compte d'exploitation prévisionnel erroné**

Avant la signature du contrat, il arrive que le franchiseur vous communique un compte d'exploitation prévisionnel type (soit dans la plaquette d'information sur le réseau, soit dans le document d'information précontractuelle lui-même, ce qui est plus rare). Les diverses sources d'information sur les réseaux, annuaires et articles de presse, donnent également cette information, sur la base des renseignements fournis par le franchiseur.

Quel recours avez-vous si le chiffre d'affaires que vous réalisez pendant la durée du contrat s'avère nettement inférieur à ce compte d'exploitation prévisionnel ? Pouvez-vous tenter d'invoquer la responsabilité du franchiseur, qui vous aurait fourni des renseignements mensongers ?

En général, la réponse est « non »… La plupart des tribunaux considèrent que « le franchiseur n'a pas l'obligation de procéder à l'établissement et à la communication d'une étude prévisionnelle sur l'activité du franchisé, mais qu'il est seulement tenu de fournir une information sur l'état des perspectives de développement du marché concerné ». Le décret d'application de la loi Doubin le formule ainsi : « une présentation de l'état général et local du marché des produits ou services devant faire l'objet du contrat et des perspectives de développement de ce marché », ces données étant complétées par les comptes annuels des deux derniers exercices de la « société franchiseuse ».

Les chiffres fournis vous sont donnés à titre indicatif (ce que votre franchiseur vous précise la plupart du temps !). Bien évidemment, le franchiseur doit vous donner des renseignements sincères – c'est le sens de l'article 1 de la loi Doubin – mais il n'est tenu qu'à une **obligation de moyen** lors de l'aide à l'établissement d'un compte prévisionnel ou à l'occasion de la remise de tous les documents définissant les perspectives de développement du marché.

Conseil

Lorsque vous collectez des informations sur le réseau avec lequel vous contractez, intéressez-vous non seulement au chiffre d'affaires moyen ou minimum que communique le franchiseur, mais aussi au rapport entre le chiffre d'affaires global du réseau (s'il vous est communiqué) et le nombre de points de vente... et essayez de vous renseigner auprès des autres franchisés de l'enseigne.

Souvenez-vous également que le franchisé est un commerçant indépendant, et que sa réussite dépend tout autant de son talent de commerçant, de ses conditions d'installation et de sa gestion, que du réseau auquel il appartient.

Les litiges liés à la vie du contrat

Vous avez signé votre contrat de franchise, vous exercez le métier que vous avez choisi… Mais l'aventure continue et peut vous réserver quelques surprises. Vous vous rendez ainsi compte que votre magasin ne donne pas le résultat escompté, que la formation est insuffisante, que le franchiseur entrave votre indépendance commerciale…

- **Le savoir-faire du franchiseur n'est pas au rendez-vous**

Qu'est-ce que le savoir-faire en franchise ? Nous avons déjà tenté de répondre à cette question, fondamentale quand il s'agit de franchise (voir les chapitres 1 et 2). Dans un jugement portant sur un réseau de distribution automatique, les juges d'Orléans précisent d'autre part que :

> « *Le savoir-faire spécifique [...] ne peut se réduire à l'utilisation de machines et à une formation limitée et totalement dépourvue d'originalité que (le distributeur) aurait été en mesure d'acquérir chez un autre fournisseur de matériel [...]; que la seule fourniture d'une assistance technique durant trois jours [...], même suivie de deux visites annuelles du concédant, et de l'usage de l'enseigne est insuffisante, comme l'a estimé à juste titre le tribunal, à entraîner la qualification de franchise* ».

Alors, l'inexistence d'un savoir-faire consistant entraîne-t-elle nécessairement l'annulation du contrat de franchise ?

Au-delà de la qualification du contrat, les franchisés tentent parfois, à tort ou à raison, d'obtenir l'annulation du contrat en fondant leur demande sur l'absence de savoir-faire du franchiseur. Dans cette hypothèse, le contrat peut être annulé pour absence d'objet, le savoir-faire. Ce risque n'existe bien sûr pas pour les franchiseurs qui disposent d'un savoir-faire réel et identifié.

Quoi qu'il en soit, lorsque la justice est saisie, les juges doivent examiner le savoir-faire et abandonner l'interprétation de la loi pour se livrer à une analyse pratique du fonctionnement de la franchise.

La Cour d'appel de Paris a jugé que le savoir-faire devait s'analyser en fonction de la branche d'activité ou du produit objet de la franchise, que :

> « *La franchise en cause est une franchise de distribution de produits spécifiques dont l'élément essentiel consiste en la possibilité pour le franchisé de disposer de l'intégralité des signes de ralliement de la clientèle. Qu'en l'espèce le savoir-faire réside principalement dans la mise à disposition de tous*

5

les éléments du concept de vente (matériaux, mobilier, présentoirs) et de la présentation des vitrines des boutiques correspondant à la conception et à la dynamique de la marque; qu'il réside également dans la mise à disposition d'une sélection de produits spécifiques et originaux destinés à un certain type de clientèle et à la façon de les présenter; que la notoriété du franchiseur est, dans ce cas particulier, un critère essentiel dans la reconnaissance de la transmission du savoir-faire».

Sachez donc que si vous essayez de faire annuler un contrat pour absence de savoir-faire, les juges examineront de près tous les éléments que le franchiseur vous a communiqués: manuels opératoires, éléments de présentation, produits, logiciels spécifiques, etc.

- **Le franchiseur vous impose des prix**

Le droit français et communautaire interdit au franchiseur de vous imposer des prix de revente. Le franchiseur peut néanmoins vous indiquer des prix conseillés; c'est le cas dans tous les catalogues, cartes et menus, listes de tarifs, etc., qu'il va vous communiquer dans le cadre de sa communication nationale ou locale. Il a également la possibilité de fixer des prix maximum qui permettent de préserver l'identité et la réputation du réseau… c'est d'autant plus vrai lorsque le concept de votre réseau de franchise repose sur une politique tarifaire particulière ou sur des opérations de promotion fréquentes.

- **Le franchiseur installe un lien de subordination entre lui et vous**

Vous avez parfois, dans l'exercice de votre contrat, l'impression, à tort ou à raison, que le franchiseur vous impose tant de contraintes que vous êtes en train de perdre votre indépendance commerciale. Et vous vous demandez même si vous ne vous transformez tout simplement pas en gérant de son entreprise… La loi fixe les conditions cumulatives qui doivent être remplies pour caractériser un lien de subordination. Si l'une d'elles fait défaut, ce lien de subordination n'existe pas.

La loi est la loi

Code du travail

Chapitre premier: Dispositions générales.

Article L. 7321-1 modifié par la loi n°2008-67 du 21 janvier 2008 – art. 3 Les dispositions du présent code sont applicables aux gérants de succursales, dans la mesure de ce qui est prévu au présent titre.

Article L. 7321-2 modifié par la loi n°2009-526 du 12 mai 2009 – art. 55 Est gérant de succursale toute personne: 1° Chargée, par le chef d'entreprise ou avec son accord, de se mettre à la disposition des clients durant le séjour de ceux-ci dans les locaux ou dépendances de l'entreprise, en vue de recevoir d'eux des dépôts de vêtements ou d'autres objets ou de leur rendre des services de toute nature; 2° Dont la profession consiste essentiellement:

a) Soit à vendre des marchandises de toute nature qui leur sont fournies exclusivement ou presque exclusivement par une seule entreprise, lorsque ces personnes exercent leur profession dans un local fourni ou agréé par cette entreprise et aux conditions et prix imposés par cette entreprise;

b) Soit à recueillir les commandes ou à recevoir des marchandises à traiter, manutentionner ou transporter, pour le compte d'une seule entreprise, lorsque ces personnes exercent leur profession dans un local fourni ou agréé par cette entreprise et aux conditions et prix imposés par cette entreprise.

Article L. 7321-3 modifié par la loi n°2008-67 du 21 janvier 2008 – art. 3 Le chef d'entreprise qui fournit les marchandises ou pour le compte duquel sont recueillies les commandes ou sont reçues les marchandises à traiter, manutentionner ou transporter n'est responsable de l'application aux gérants salariés de succursales des dispositions du livre Ier de la troisième partie relatives à la durée du travail, aux repos et aux congés et de celles de la quatrième partie relatives à la santé et à la sécurité au travail que s'il a fixé les conditions de travail, de santé et de sécurité au travail dans l'établissement ou si celles-ci ont été soumises à son accord.

5

Dans le cas contraire, ces gérants sont assimilés à des chefs d'établissement. Leur sont applicables, dans la mesure où elles s'appliquent aux chefs d'établissement, directeurs ou gérants salariés, les dispositions relatives; 1° Aux relations individuelles de travail prévues à la première partie; 2° À la négociation collective et aux conventions et accords collectifs de travail prévues au livre II de la deuxième partie; 3° À la durée du travail, aux repos et aux congés prévus au livre Ier de la troisième partie; 4° Aux salaires prévus au livre II de la troisième partie; 5° À la santé et à la sécurité au travail prévues à la quatrième partie.

Article L. 7321-4 Les gérants de succursales sont responsables à l'égard des salariés placés sous leur autorité, au lieu et place du chef d'entreprise avec lequel ils ont contracté, de l'application des dispositions mentionnées aux 1° à 5° de l'article L. 7321-3 à condition d'avoir toute liberté en matière d'embauche, de licenciement et de fixation des conditions de travail de ces salariés.

Article L. 7321-5 Est nulle toute convention contraire aux dispositions du présent chapitre.

Si vous constatez une subordination très forte, vous pouvez demander au tribunal de juger de l'existence de ce lien entre vous et votre franchiseur. Lien qui pourrait bien transformer le contrat de franchise en contrat de travail... Attention cependant: lorsque vous admettez avoir assumé les charges et pertes financières de votre activité, cela suffit à exclure votre éventuelle qualité de salarié ou assimilé salarié.

À noter que si les juges décident de requalifier votre contrat de franchise en contrat de travail, la résiliation du contrat de franchise à l'initiative du franchiseur devient un licenciement sans cause réelle ni sérieuse. Vous pouvez alors demander à votre « franchiseur employeur » des indemnités de licenciement... ou l'assigner aux Prud'hommes. Cette situation s'est déjà vue dans certains réseaux. Le pseudo-franchiseur prospectait lui-même les clients, fixait les tarifs applicables et sanctionnait les manquements du franchisé. Le franchisé était obligé de justifier sa capacité à gérer les nouveaux clients qui lui étaient présentés. Les factures de loyers et de téléphone du local du franchisé étaient au nom de la société du « franchiseur ». Le franchisé ne faisait que recueillir les commandes pour le compte de la société du « franchiseur ». Il exerçait son activité dans « un local fourni ou agréé » par la société du « franchiseur » et appliquait les prix et conditions fixés par cette dernière.

En pratique

Le franchisé est un commerçant indépendant – on ne le répétera jamais assez – avec les droits et devoirs que cela implique.
Avant la signature du contrat, assurez-vous que le franchiseur traite ses franchisés comme tels et que l'assistance qu'il vous propose n'équivaut pas pour vous à une ingérence et une perte d'indépendance futures.

Les litiges liés aux conséquences de la fin du contrat

On l'a vu, le contrat de franchise peut malheureusement, parfois, se terminer dans les difficultés et les litiges. Vous avez pendant plusieurs années exploité un savoir-faire qui est venu enrichir votre expérience et votre clientèle, bénéfice souvent difficile à évaluer…, et au moment de la séparation, chacune des parties – le franchiseur et vous-même – souhaite récupérer son dû dans le respect des obligations contractées…

- **La clause de non-concurrence postcontractuelle**

Les principaux litiges de fin de contrat de franchise proviennent de l'application de la clause de non-concurrence postcontractuelle.

Vous avez pendant la durée de votre vie de franchisé exercé un certain métier par le biais du contrat de franchise, et votre futur ex-franchiseur vous demande désormais de ne pas continuer à l'exercer de façon concurrente, pour une durée déterminée. Quel recours avez-vous ?

5

Attention !

Lisez attentivement votre contrat. Mentionne-t-il une clause de non-concurrence postcontractuelle ? Cette dernière vous paraît-elle raisonnable ?

Sachez également vous projeter dans l'avenir, car le contrat de franchise est un contrat à durée déterminée dans 95 % des cas. S'il vous engage pleinement pendant cette durée, il vous faut cependant toujours réfléchir à l'après contrat. Comment allez-vous poursuivre votre carrière ? Comment utiliserez-vous les compétences et l'expérience que vous avez acquises ? Que va-t-il advenir de votre fonds de commerce ? Les clauses de non-concurrence postcontractuelles devant bien sûr être intégrées à votre plan de réflexion et d'action...

La jurisprudence de la Cour de cassation est, sur ce point, extrêmement claire : la clause de non-concurrence postcontractuelle est valide dans la mesure où elle est « nécessaire pour protéger les droits de propriété industrielle ou intellectuelle du franchiseur ou pour maintenir l'identité commune ou la réputation du réseau ». Cela exclut souvent les clauses de durée trop longue ou qui portent sur un territoire trop vaste ou trop éloigné, ou encore qui retirent au franchisé tout le bénéfice de la clientèle qu'il s'est constitué durant ses années d'exercice.

Voici quelques exemples concrets en application de cette décision de jurisprudence.

La Cour de Douai a, par exemple, invalidé une clause de non-concurrence d'une durée de cinq ans applicable sur l'ensemble du territoire français. La durée était trop longue... À Bourges, les juges ont invalidé une clause stipulant qu'en cas de dénonciation par le bénéficiaire du contrat, celui-ci devait restituer le fichier clientèle, cesser tout usage de l'enseigne et ne pas exercer d'activité semblable ou similaire pendant cinq ans dans un rayon de cinquante kilomètres autour de toute ville possédant un cabinet sous l'enseigne objet du contrat. La clause était trop sévère ! Et la Cour d'appel a jugé que : « cette clause est de nature à interdire au franchisé d'exercer l'activité qui est la sienne, à le déposséder de la clientèle qu'il a lui-même constituée en réalisant une sorte d'expropriation forcée au bénéfice du franchiseur, et à lui interdire de fait d'user de la faculté de dénonciation unilatérale prévue par le contrat en le contraignant à demeurer durablement dans la franchise ». La Cour a ajouté que cette clause portait atteinte tant à la liberté du travail qu'à la liberté du commerce et de l'industrie, et que son « utilité pour une entreprise qui n'a pas de véritable savoir-faire spécifique et dont la marque est fort peu notoire est largement sujette à caution ». Cet arrêt rappelle avec précision que la clause de non-concurrence postcontractuelle a pour objet de protéger le savoir-faire et qu'elle doit être limitée dans le temps et dans l'espace de façon raisonnable.

- **La suppression des signes de ralliement de la clientèle**

Autre source de litige, le délai dans lequel l'ex-franchisé doit retirer de son magasin les signes de ralliement de la clientèle. Ce délai est parfois fixé dans le contrat. Si ce n'est pas le cas, il fait l'objet d'une négociation.

Lorsque votre contrat de franchise a pris fin, il faut que vous ôtiez de votre point de vente tous les éléments qui pourraient donner à penser à votre clientèle que vous êtes encore franchisé de l'enseigne. Retirez l'enseigne matérielle, modifiez votre aménagement, ne vendez plus ni produits ni services de la marque du réseau auquel vous apparteniez, faites modifier les listes ou annuaires où vous figuriez comme franchisé de l'enseigne X. En cas de non-respect de ces obligations, qui doivent figurer clairement dans le contrat, votre ex-franchiseur peut vous poursuivre pour concurrence déloyale…

Pour votre point de vente comme pour votre clientèle, la fin du contrat de franchise est un moment qui se planifie encore plus rigoureusement qu'un déménagement… C'est encore plus vrai lorsque vous contractez immédiatement après la fin de votre contrat de franchise avec un autre réseau, que votre nouvelle activité relève ou non du même secteur professionnel.

Que faire en cas de désaccord prolongé avec votre franchiseur ?

Dans leur très grande majorité, les contrats de franchise se déroulent sans obstacle. Mais si vous constatez un désaccord grandissant entre votre franchiseur et vous, il n'est pas toujours nécessaire d'aller jusqu'aux tribunaux.

- **Discutez avec votre franchiseur**

Vous pouvez d'abord essayer de joindre votre franchiseur pour régler le problème directement avec lui, à l'amiable. Le litige peut provenir d'un quiproquo ou d'une interprétation divergente du contrat, qui finalement peut se résoudre facilement…

L'animateur (voir aussi p. 79) peut jouer à ce moment de la relation un rôle très précieux d'explication et d'éclaircissement des objectifs de chacun. Dans les réseaux bien animés, les conflits portés en justice sont rares.

Si le réseau de franchise auquel vous êtes lié est adhérent à la Fédération française de la franchise, vous pouvez également demander à celle-ci d'intervenir auprès du franchiseur. Elle ne le fera que si le code européen de déontologie de la franchise, que les adhérents à la FFF s'engagent à respecter, est manifestement bafoué.

- **Faites intervenir un médiateur**

Si cette première tentative ne donne rien, vous avez la possibilité de demander une médiation auprès de la Fédération française de la franchise, que votre réseau y soit ou non adhérent. La médiation proposée par la FFF est une médiation amiable, dont l'objectif premier est la conciliation. Les parties qui sont en litige vont se réunir sous l'autorité d'un tiers (le médiateur) afin de trouver une solution négociée. À l'issue de la réunion, les parties s'engagent sur un certain nombre de points en signant un protocole d'accord.

Les médiateurs de la Fédération française de la franchise sont des professionnels reconnus de la franchise, franchiseurs, franchisés et experts du domaine. En outre, ils sont neutres; ce qui vous garantit une médiation impartiale. Sachez enfin que le coût d'une médiation – environ 400 € pour chacune des parties – s'avère très inférieur à celui d'une procédure judiciaire. Et les délais sont également bien plus courts…

- **Faites intervenir un arbitrage**

Si la médiation ne donne rien – le litige est trop complexe, les parties restent sur leurs positions… –, vous pouvez tenter l'arbitrage.

Encore faut-il que le contrat de franchise contienne une clause compromissoire, c'est-à-dire qui attribue la résolution du conflit à une instance d'arbitrage qui doit être nommée. En l'absence d'une telle clause, les parties qui souhaitent avoir recours à l'arbitrage doivent signer, au moment opportun, un compromis d'arbitrage.

L'arbitrage proposé par la Fédération française de la franchise est un arbitrage institutionnel. Il a pour objet la résolution d'un litige par une autorité privée qui se soustrait à la juridiction de droit commun. Les arbitres vont trancher le litige avec la même autorité que les juridictions étatiques. Le partenaire de la FFF en ce domaine est la Chambre arbitrale de Paris, partenaire des plus fiables puisqu'aucune de ses mille cinq cents sentences n'a, depuis 1990, été cassée par la Cour d'appel de Paris ou la Cour de cassation.

L'arbitrage, contrairement à la médiation, est une voie judiciaire. Il offre une solution définitive au litige au moyen d'une sentence qui peut faire l'objet d'une exécution forcée. L'arbitrage exclut le recours à une autre juridiction, sauf en cas d'annulation de la sentence. Les parties ont la possibilité de se faire représenter par un avocat. Le coût de l'arbitrage est lié au montant du litige. Il reste malgré tout modeste.

L'arbitrage présente en outre l'avantage d'être traité par des professionnels de la franchise et de l'arbitrage.

5

À savoir

Si vous souhaitez en savoir plus sur ces procédures que sont l'arbitrage et la médiation, rendez-vous sur le site de la Fédération française de la franchise, **www.franchise-fff.com**. Vous pouvez également joindre la FFF par téléphone au 01 53 75 22 25.

- **Portez votre affaire en justice**

Si la médiation a échoué et que le contrat ne contient pas de clause compromissoire, il faut porter votre litige devant un tribunal. Consultez au préalable un avocat spécialisé, en fonction de la nature de votre litige.

En pratique

Les procédures judiciaires s'avérant longues et coûteuses, tentez d'abord la médiation ou l'arbitrage. Elles sont moins onéreuses, moins longues et – plus particulièrement en ce qui concerne l'arbitrage – d'égale force.

Souvenez-vous également qu'en matière de franchise, l'examen de la pratique et de la personnalité des parties concernées, de même que la jurisprudence, compte pour beaucoup. Et qu'un plaignant mécontent peut toujours faire appel d'un premier jugement gagné par vous...

Le collège des experts de la Fédération française de la franchise en regroupe un certain nombre mais la liste qu'elle vous propose n'est évidemment pas exhaustive. Sachez que les experts membres du collège de la FFF se sont solennellement engagés à respecter pleinement le code européen de déontologie de la franchise.

Et si vous avez contracté avec un réseau de franchise d'origine étrangère ?

Si vous êtes franchisé en France d'un réseau de franchise d'origine étrangère, ce dernier a l'obligation de respecter la loi française. Tout ce qui a été évoqué précédemment s'applique donc à votre cas.

En tant que futur franchisé d'un réseau étranger implanté en France, assurez-vous que le contrat que vous allez signer est rédigé en français et parfaitement intelligible. Faites-le au besoin relire avec une vigilance accrue par un expert. Votre futur franchiseur n'est peut-être pas complètement au fait du droit français, surtout s'il commence seulement à s'implanter en France.

Si vous êtes franchisé à l'étranger d'un réseau d'origine française ou étrangère, les règles et le droit qui s'appliquent sont ceux du pays où vous exercez votre activité – qu'il s'agisse du droit commercial, du droit de la franchise, du droit du travail, des règles relatives à la concurrence et à l'enregistrement des réseaux de franchise.

Conseil

Avant de vous installer à l'étranger, renseignez-vous sur la nature des contrats de franchise, ainsi que sur le contexte juridique et commercial des pays qui vous intéressent auprès des associations et fédérations de franchise de ces pays.

La plupart de ces associations travaillent avec des juristes et des experts qui peuvent vous conseiller, avant ou pendant votre installation.

6 POURQUOI ET COMMENT DEVENIR FRANCHISEUR ?

Les cinq premiers chapitres de cet ouvrage sont consacrés, comme vous avez pu le lire, aux personnes qui désirent intégrer un réseau de franchise, comme commerçants indépendants franchisés ou en tant qu'investisseurs dans un point de vente franchisé.

Mais la franchise, bien sûr, est aussi faite de ceux qui créent un concept commercial qu'ils développent par ce moyen particulier : une entreprise complexe dans laquelle le franchiseur et son équipe ne doivent jamais perdre de vue leur double métier.

Ils doivent en effet exercer celui de commerçant ou de prestataire de service spécialisé capable de mettre au point et d'exploiter un concept commercial remarquable, mais aussi celui de franchiseur capable de constituer, d'animer et de faire évoluer un réseau de commerçants indépendants associés.

1. QUI PEUT DEVENIR FRANCHISEUR ?

Pour être franchiseur, il faut déjà avoir su développer un concept commercial attractif susceptible d'être reproduit par d'autres commerçants.

Historiquement, les premiers réseaux de franchise ont commencé par être des groupes plus ou moins importants – numériquement –

de magasins exploités en succursales et développant un concept original à fort potentiel concurrentiel :

- Catena, l'un des premiers franchiseurs en France, était aussi l'une des premières enseignes de bricolage moderne ;
- Pronuptia dès les années 1960 a proposé un concept global autour du mariage ;
- de l'autre côté de l'Atlantique, McDonald's a rationalisé et réinventé, de talentueuse façon, l'offre de restauration rapide.

La franchise, autre constituante du commerce moderne, a offert à ces concepts audacieux des facilités de développement, de façon formelle – le développement en franchise était initié par l'enseigne elle-même – ou informelle – des commerçants, voire des clients, se sont intéressés au sort de l'enseigne au point de souhaiter en exploiter eux-mêmes un point de vente de façon indépendante.

Aujourd'hui, après cinquante ans de maturation, la franchise s'affirme comme une stratégie réfléchie de développement de l'enseigne.

€xemple

Des concepts qui font date...

La question de savoir pourquoi et comment un concept commercial frappe l'imagination des consommateurs n'a pas de réponse simple. On donnera ici quelques exemples marquants dans l'histoire récente du commerce :

- l'achat-vente de biens de consommation, avec Cash Converters, Cash Express ou Easy Cash ;
- le dépôt-vente avec Troc de l'île, qui devient **troc.com** en janvier 2008 ;
- le recyclage de cartouches d'encre avec Cartridge World ;
- les fleurs coupées sous toutes leurs formes, de la rose géante au nano-bouquet, avec Happy ;
- l'aménagement des allées de jardins avec Daniel Moquet signe vos allées ;

6

- le prêt-à-porter avec Cache-cache, Bonobo, Morgan ;
- l'aménagement hydraulique des jardins (fontaines, spas, arrosage) avec Irrijardin ;
- le nettoyage automobile haute pression... et écologiquement responsable, avec Éléphant bleu ;
- la maison bois, avec Natilia ;
- la location automobile longue durée, adaptée aux besoins du moment, avec Ucar ;
- la boutique qui vend tout pour déménager soi-même, avec demenagerseul.com ;
- la signalétique à la portée des PME, avec Sign A Rama ;
- les énergies renouvelables : photovoltaïques, pompes à chaleur avec Soleil en tête.

... Aux concepts qui font marque

- Autour d'un créateur – Guy Degrenne pour les arts de la table, Jacques Dessange pour la coiffure, Jacqueline Riu pour le prêt-à-porter, Guy Hoquet pour l'immobilier, Norbert Dentressangle pour les transports routiers.
- Autour d'un personnage fictif ou historique – Jeff de Bruges pour les chocolats, Comtesse du Barry pour l'épicerie fine, Yves Rocher pour la beauté.
- Autour d'un nom qui fait immédiatement sens – Amorino pour les glaces italiennes, Rouge gorge pour la lingerie féminine, La mie câline ou Paul pour la boulangerie, Car'Go pour la location de véhicules, Hippopotamus ou El Rancho pour la restauration à thème, Orchestra ou La compagnie des petits pour le prêt-à-porter enfants, Jules pour l'homme, Midas, Speedy et Feu Vert pour le service automobile, La Vie claire pour l'alimentaire bio, Mercure et Ibis pour l'hôtellerie...
- Qui renvoie à l'expertise du réseau – Le Tanneur pour la maroquinerie, Cuisines plus pour... les cuisines et salles de bain, Rapid'Flore, le Jardin des Fleurs ou Monceau Fleurs pour les fleurs, Avis Immobilier ou Solvimo Immobilier... pour l'immobilier bien sûr, Adhap Services ou AFEP pour les services aux personnes...

La liste est longue, et il n'est pas inutile de la lire en détail : le nom de l'enseigne est l'un des premiers signes perçus par votre clientèle !

À quels concepts la franchise convient-elle vraiment ?

On peut répondre que la franchise peut s'appliquer à ceux :

- dont l'attractivité et les avantages concurrentiels sont si importants qu'ils intéressent et stimulent des acteurs extérieurs au réseau, comme des commerçants indépendants et des investisseurs, déjà en activité ou potentiels, etc. ;
- dont le concept est suffisamment bien constitué, formalisé et réitérable pour pouvoir être exploité par des intervenants *a priori* extérieurs à l'entreprise ;
- dont les inventeurs et animateurs, enfin, sont désireux et capables, tant financièrement qu'intellectuellement, de mettre en place et d'entretenir les outils indispensables à la franchise ; c'est-à-dire le contrat, les manuels opératoires, la formation, l'animation, la recherche, le développement...

Si vous exploitez une enseigne qui répond à ces trois critères ou qui peut y répondre assez rapidement (notamment quant à la formalisation du concept), vous pouvez devenir franchiseur ; à moins, bien sûr, que vous ne préfériez continuer à vous développer sous forme d'un réseau de succursales. Mais ceci est une autre histoire...

2. LES AVANTAGES ET LES EXIGENCES DE LA FRANCHISE

Il ne vous suffit pas d'avoir la possibilité de devenir franchiseur, encore faut-il bien en peser les avantages et les exigences pour votre réseau ou votre entreprise au moment que vous avez choisi.

N'oubliez pas, en effet, que vous pouvez opter pour la franchise à n'importe quel moment de la vie de votre réseau : soit à la naissance de votre concept, soit après la création d'une ou plusieurs unités pilotes, soit encore après la constitution d'un premier réseau commercial sous forme de succursales (voire d'autres formes de commerce associé telles que la coopérative ou la concession).

En vous offrant la possibilité de trouver des partenaires à l'extérieur de votre entreprise, la franchise peut s'avérer pour vous :

- Un moyen privilégié de **financer** le développement de votre enseigne et son réseau commercial – en effet, ce sont les franchisés qui investissent, pas votre société –, y compris à l'étranger.
- Un moyen privilégié de **conquérir** rapidement, avec l'effet de synergie du réseau, un marché donné (celui de la fleur coupée, du pot d'échappement, du chocolat belge...). La franchise démultiplie en effet les capacités d'implantation de votre enseigne. À moins d'être un gros groupe possédant une forte notoriété et une grande capacité d'investissement, vous n'avez en général pas la capacité de gérer quinze à trente nouvelles implantations annuelles en direct. Pour un réseau de prêt-à-porter, par exemple, ce rythme d'accroissement représenterait un investissement de plus de quinze millions d'euros par an... Les avez-vous ?
- La meilleure façon de créer une **dynamique commerciale** forte, reposant sur l'énergie, le talent commercial et le vœu de réussite d'un commerçant indépendant. La notoriété et l'activité de votre enseigne ne sont plus portées par la seule société mère, mais par un réseau de commerçants indépendants dont le désir de réussite commerciale vous profite directement.

Parallèlement, la franchise, stratégie qui a des règles et une déontologie strictes, vous permet de rester maître de votre concept, de votre enseigne, de votre marque et d'en professionnaliser l'évolution en jouant constamment sur l'expérimentation et la pratique, en magasin pilote ou chez les franchisés. Enfin, ce qui n'est pas vraiment négligeable, vous continuez de recevoir une partie du bénéfice des magasins ouverts sous votre enseigne par le biais des droits d'entrée et des redevances.

3. LES INCONVÉNIENTS DE LA FRANCHISE

Le franchiseur perd-il de son indépendance et de sa liberté de manœuvre en confiant le développement de ses magasins à des franchisés ?

Certains entrepreneurs le pensent qui, après avoir développé un réseau de franchise, décident au bout de quelques années de le racheter peu à peu. Il est vrai qu'il est plus facile de mettre fin au contrat de travail d'un directeur de magasin qu'à un contrat de franchise de dix ans… et aussi plus simple à un réseau de succursales de jouer sur ses emplacements. Mais, ce que l'on gagne en flexibilité, ne le perd-on pas en ce qui concerne l'engagement et la dynamique commerciale ?

Existe-t-il un risque de voir un concept dénaturé par le développement en franchise ?

Le concept d'une franchise est d'autant plus sujet à la dérive qu'il est mal formalisé, que le savoir-faire qu'il recouvre est vague, peu intelligible et mal accompagné (à cause d'une formation et d'une animation insuffisantes). À l'inverse, si votre concept commercial reflète un savoir-faire dans les règles de l'art, s'il est clairement expliqué et clairement enseigné, si vos structures d'animation et d'innovation sont bonnes, il n'existe aucune raison pour qu'un bon franchisé ne l'applique pas avec efficacité. À vous de savoir recruter des franchisés qui sont de bons professionnels et qui le resteront tout au long de votre collaboration.

Les avantages de la franchise s'accompagnent cependant de quelques contraintes fortes qui peuvent rebuter certains entrepreneurs :

- le savoir-faire doit toujours être de qualité, on ne le répétera jamais assez ; il doit apporter un avantage concurrentiel ;
- le franchiseur, propriétaire ou du moins détenteur du concept et de la marque à laquelle il est associé, reste responsable de la réussite de son réseau ;
- comme ce franchiseur a par contrat consenti à l'exploitation de son concept par une autre personne, il perd donc une partie de la clientèle, qui revient à son franchisé ;
- en dernier lieu, si la franchise réduit considérablement les investissements lourds liés à l'enseigne – acquisition, location ou construction de nouveaux locaux, masse salariale relative aux personnels embauchés dans les magasins, etc. –, elle n'est pas pour autant une démarche gratuite. Franchiseur,

6

vous devrez investir dans la formalisation et le développement de votre concept commercial, dans une bonne équipe d'animation et de développement du réseau, dans des outils de gestion et de communication spécifiques à un réseau de franchise. Cette dépense n'est pas seulement financière, elle exige de vous des capacités d'invention, d'organisation et de mise en réseau d'individus (les franchisés) dont vous ne devez jamais perdre de vue (au risque de changer de métier) la qualité de commerçant indépendant.

En pratique

Et pourquoi ne pas choisir une autre forme de commerce associé ?

Si vous ne voulez pas opter pour un développement en succursales, vous avez effectivement le choix entre plusieurs formes de commerce associé (voir le chapitre 1, p. 9).

La concession vous permet de signer des contrats essentiellement centrés, comme son nom l'indique, sur une concession d'exclusivité donnée à un commerçant. Sachez que la question du savoir-faire n'est pas primordiale dans ce genre de contrats...

La coopérative est un mode de développement plus inhabituel pour un entrepreneur, puisqu'elle implique une certaine dilution des pouvoirs décisionnels dans une structure très démocratique où un commerçant ou un distributeur égale une voix. Dans certains contextes cependant, ce mode de développement peut vous convenir.

Enfin, les autres formes de **partenariat** renvoient à des contrats assez hétéroclites, qui se rapprochent parfois de la franchise ou de la concession, ou au contraire renvoient à des engagements réciproques plus lâches. En matière de commerce associé, si votre concept et votre enseigne sont liés à un bon savoir-faire que vous souhaitez protéger et enrichir et dont vous désirez développer l'influence et le poids commerciaux, la franchise reste la meilleure stratégie de développement, celle où les règles du jeu et les droits et devoirs des parties sont clairement définis (voir le code de déontologie).

4. LE CODE EUROPÉEN DE DÉONTOLOGIE DE LA FRANCHISE

Pour commencer, faisons un bref rappel historique.

À la fin des années 1960, ce sont les franchiseurs français qui ont mis en place le code de déontologie de la franchise, européen depuis 1992. À cette époque, la seule référence en matière de droit pour la franchise était le droit commercial. Quelques affaires – notamment liées à des réseaux pyramidaux où une tête de réseau plus ou moins fantôme vendait à des « franchisés » des exclusivités d'exploitation qu'ils cédaient à leur tour à des « franchisés » de deuxième rang, et ainsi de suite – interpellèrent ces franchiseurs historiques, lesquels ont rédigé dès 1972, au sein de la Fédération française de la franchise, une première version de ce code.

Lisez ce code avant de vous engager en franchise. Certes, en tant que franchiseur, vous n'êtes tenu de l'appliquer que si vous êtes membre de la Fédération française de la franchise. Cela sera aussi le cas si vous franchisez dans un pays d'Europe dont la fédération ou l'association de franchise est membre de la Fédération européenne de la franchise et que vous êtes membre de l'une de ces associations. Les juges peuvent d'ailleurs arguer de cette adhésion, et donc de la connaissance obligatoire par vous du code qui en découle, pour juger certains litiges vous opposant à un franchisé.

Issu de la pratique, de l'expérience et du souci de moralisation de vos pairs franchiseurs, le code européen de déontologie de la franchise est aussi un texte formateur. Reproduit dans les « *Infos++* » p. 189, il vous donnera :

- une définition claire et officielle de la franchise (et du savoir-faire, dans ses annexes qui concernent plus particulièrement la France) ;
- une description également claire des obligations des franchiseurs et des franchisés ;
- des règles de conduite relatives à la publicité, au contrat de franchise, à la sélection des franchisés ;

- une description claire des responsabilités du franchiseur et du franchisé dans le cadre du réseau de franchise.

Conseil

Que vous soyez ou non adhérent à la Fédération française de la franchise, servez-vous du code de déontologie lors de la rédaction de vos contrats et du recrutement de vos franchisés.

N'hésitez pas non plus à transmettre ce code à ceux-ci, car il contient également un certain nombre d'obligations et de règles les concernant: confidentialité, maintien de la réputation du réseau, transmission des données opérationnelles.

5. LES ÉTAPES DE LA CONSTITUTION D'UN RÉSEAU DE FRANCHISE

Vous avez pesé les avantages et les inconvénients de la franchise. Vous avez compris le métier de franchiseur avec ses exigences de professionnalisme. Votre décision est maintenant prise: cette stratégie est en adéquation avec votre tempérament, avec vos moyens, avec le développement de votre enseigne et, le cas échéant, avec le réseau que vous avez déjà constitué. Alors, comment procéder?

Savoir ce que l'on fait

La première étape – qui vaut plus particulièrement encore pour les «bons petits concepts» qui sont développés dans un seul magasin ou un seul point de vente – consiste pour vous à prendre du recul et à décrire clairement votre concept, les produits ou les services que vous diffusez, à en analyser l'originalité, l'avantage concurrentiel, la reproductibilité et les limites. En effet, il est peut-être vain de vouloir implanter partout en France un concept de restaurant de poissons grillés en plein air: si ce concept a du charme sur la plage, peut-être en aura-t-il moins en galerie fermée…

Cette première étape, pour laquelle vous pouvez utilement rechercher les conseils d'un spécialiste du marketing, vous donnera éventuellement de nouvelles idées sur le nom de votre enseigne, l'aspect de vos points de vente et de votre communication graphique, qui sont souvent liés.

À tout moment, vous pouvez vous adresser à la Fédération française de la franchise qui dispense notamment des journées de formation destinées aux futurs franchiseurs (renseignements au 01 53 75 22 25 et sur **www.franchise-fff.com**).

Conseil

Si vous souhaitez réellement devenir franchiseur, n'économisez jamais sur :

- certaines démarches qui vous paraissent complexes et parfois coûteuses mais qui sont essentielles, comme les dépôts de marque, les réservations de noms de domaine sur Internet ;
- la formation ;
- l'achat d'ouvrages ;
- l'aide de conseils extérieurs car, même si vous avez l'impression que vous êtes capable de tout manager vous-même, vous avez rarement la distance et le temps nécessaire !

Vous avez aussi la possibilité de faire expertiser et valoriser votre concept par OSEO-ANVAR, l'agence nationale de soutien aux entreprises innovantes, qui peut notamment vous aider à trouver des partenaires financiers.

Cette étape préalable devra déboucher, si ce n'est déjà fait, sur une protection stricte des éléments qui constituent votre marque auprès de l'INPI (Institut national de la propriété industrielle), et parfois auprès d'autres organismes de protection et de gestion de la propriété intellectuelle. Protéger votre marque et ce qui s'y rattache est capital pour vous, mais aussi pour vos futurs franchisés (voir p. 54).

Ceux-ci n'ont aucun intérêt à investir du temps, de l'énergie et de l'argent dans un concept mal protégé que d'autres pourraient copier sans frais… et sans risque.

Savoir où l'on va

Vous devrez ensuite établir un plan de développement. Où souhaitez-vous implantervotre activité ? Dans quel type d'emplacement ? Avec quelle zone de chalandise ? L'analyse de l'activité que vous désirez développer peut vous suggérer un certain nombre de réponses, mais elle ne se substitue pas à une étude de faisabilité du projet de développement en franchise qui devra tenir compte :

- de l'attractivité réelle de votre concept (faites-le tester) ; + story
- des autres entreprises qui existent déjà sur le secteur (faites faire des tests comparatifs, s'il y a lieu) et dans les lieux où vous voulez vous implanter ;
- du plan et du rythme de développement ;
- du budget dont vous disposez, aides et prêts compris ;
- de la rentabilité du concept ;
- et, enfin, du « capital humain » dont vous disposez… En effet, vous êtes rarement seul dans cette aventure : les autres dirigeants et responsables de votre entreprise doivent partager votre stratégie et jouer un rôle dans sa mise en place. D'ailleurs, vous pouvez également décider d'embaucher un spécialiste du développement en franchise, professionnel chevronné ou frais émoulu des quelques filières de formation existant en France.

Cette étude de faisabilité peut être réalisée en interne si la taille de votre entreprise le permet, sinon utilisez les services d'un prestataire extérieur. Vous pouvez ainsi vous adresser à votre chambre de commerce et d'industrie, aux agences régionales de l'APCE (Agence pour la création d'entreprises), à des prestataires membres du collège des experts de la FFF… Retrouvez leurs coordonnées sur le site de la FFF **www.franchise-fff.com**.

À savoir

L'IUP (Institut universitaire professionnalisé) de Colmar

Au sein de l'université de Haute Alsace, cet IUP propose un master Ingénierie et Management des réseaux commerciaux/Management de la franchise. Il forme des étudiants et des professionnels à la conception, au pilotage et à la gestion des réseaux complexes que sont ceux de franchise. Vous pouvez y recruter votre équipe de développement ou faire former à la franchise un cadre de votre entreprise. Retrouvez ses coordonnées p. 197.

Un repère essentiel: votre ou vos unité(s) pilote(s)

Le code européen de déontologie de la franchise vous demande de disposer, avant de développer un réseau de franchise, d'une ou plusieurs unités pilotes, magasins ou points de vente qui vous appartiennent en propre, et dans lesquels vous avez eu tout le loisir d'expérimenter votre concept.

Dans l'absolu, vous pouvez vous en passer et lancer directement votre réseau sous forme de franchise, mais cela signifie alorsque:

- votre savoir-faire est purement théorique (tout au moins dans un premier temps) et que les manuels opératoires qui en découlent n'ont pas été confrontés à la pratique;
- votre étude de faisabilité d'un développement en franchise souffre du même degré d'abstraction;
- vous ne pourrez pas donner à vos tout premiers franchisés une formation dans une unité pilote.

Tout reposera alors sur la seule force de conviction et de séduction de votre concept… Ce qui n'est pas sans risque.

L'analyse de votre concept, l'étude de faisabilité, les éventuelles discussions avec des partenaires extérieurs – banquiers, investisseurs et capital-risqueurs, agences publiques ou locales – vous donneront un premier feu vert dans le lancement de votre réseau de franchise.

6

Élaborer des outils efficaces

Pour lancer efficacement votre réseau de franchise, vous devez à présent, avant de recruter vos premiers franchisés, penser à communiquer votre savoir-faire en le formalisant par le biais de documents et d'outils précis.

- Votre **savoir-faire** sera formalisé et expliqué dans un **manuel opératoire** écrit; à vous ensuite de choisir le support, papier ou ordinateur. Le manuel opératoire (ou «bible») consigne, en les explicitant, toutes les directives nécessaires à la reproduction de votre savoir-faire. Ces directives vont de la description générale de l'activité («hamburgers à la française») jusqu'à celle de l'uniforme des vendeurs, en passant par l'organisation du travail, la couleur du plancher, le nombre de serviettes en papier distribuées aux consommateurs, la musique d'attente du téléphone. Elles détaillent aussi les produits ou services eux-mêmes (fabrication des hamburgers, rythme d'apparition des nouveautés, boissons et plats pouvant accompagner ces hamburgers), l'aménagement du point de vente (avec dessins d'architectes, plans et photos à l'appui), les secrets de fabrication, les logiciels de gestion et de communication avec le franchisé et, de plus en plus fréquemment, le statut et l'utilisation des nouvelles technologies de l'information (dont Internet) dans le réseau.
  Faites rédiger ce manuel opératoire – susceptible d'avenants et de modifications au fil de l'évolution du concept – avec le plus grand soin et la plus grande clarté possible. N'oubliez pas qu'il est, avec le contrat, la référence principale de vos franchisés.
- Le **contrat de franchise** (voir chapitres 3 p. 53, et 4 p. 69) sera rédigé par un juriste spécialiste – pour le moins – du droit de la distribution. Il doit être le moyen d'instaurer le meilleur équilibre possible dans votre réseau de franchise. Droits et devoirs de chacune des parties y sont clairement répartis et parfaitement explicités. C'est ce que le code européen de déontologie de la franchise définit en précisant: «Le contrat reflète les intérêts des membres du réseau de franchise, en

protégeant les droits de propriété industrielle ou intellectuelle du franchiseur et en maintenant l'identité commune et la réputation du réseau de franchise» (article 5.1); «le contrat de franchise définit sans ambiguïté les obligations et les responsabilités respectives des parties, ainsi que toutes autres clauses matérielles de collaboration» (article 5.2).

- Le **document d'information précontractuelle** ou **DIP** (voir également les chapitres 3 p. 63, et 4). Vous devez transmettre ce dossier d'information à votre futur franchisé vingt jours, au moins, avant la signature du contrat de franchise ou de tout autre contrat, en application de l'article 1 de la loi Doubin (article L. 330-3 du Code du commerce).
- Le **plan de formation** que vous allez élaborer pour permettre à vos franchisés de bien assimiler votre savoir-faire. Ce document doit prévoir la durée, la nature, le coût, les intervenants et les outils des formations initiale et continue.
- Vous devez également prévoir un **plan de recrutement**, doublé d'un **plan de communication**, dont l'ampleur variera bien sûr en fonction des profils des personnes que vous souhaitez recruter. Votre souci est en effet de faire connaître votre enseigne ou, si elle l'est déjà, faire savoir que vous vous préparez à la développer en franchise… Cela implique:
  - la définition d'un profil plus ou moins idéal;
  - la mise en place d'une méthode de recrutement (entretiens, tests);
  - la réalisation et l'insertion d'annonces presse;
  - l'élaboration et la diffusion de plaquettes de notoriété;
  - la mise en place d'un site Internet dédié, pour tout ou partie, au recrutement de franchisés (voir chapitre 8, p. 147);
  - les relations avec les magazines de la presse générale et surtout spécialisée (qui sont riches en rubriques «Nouveaux réseaux»);
  - l'inscription dans des annuaires, comme l'*Annuaire de l'Enseigne* et *Toute la Franchise*;
  - la participation – pour la première fois donc – à Franchise Expo (salon de la franchise qui se tient tous les ans, en

mars, à Paris) ou à Top Franchise Méditerranée (en novembre à Marseille, chaque année). Attention, la participation à ces deux salons pilotés par la FFF nécessite que vous ayez déjà établi un contrat de franchise et un document d'information précontractuelle en bonne et due forme ;

– la participation à d'autres salons ou régionaux (salons de la création d'entreprise) ou à l'étranger.

- Naturellement, le **choix et** le **recrutement des collaborateurs** qui constituent la tête de réseau sont primordiaux pour votre développement. Nombre de franchiseurs commencent en solo et cumulent toutes les fonctions – développeur, formateur, communicant, chasseur d'emplacement, financier et gestionnaire – dans les premiers temps de leur histoire. La différenciation de ces fonctions et la délégation à des professionnels avérés se font en général sentir à partir du 10e franchisé. Si les métiers de la franchise (directeur de réseau, animateur, développeur...) ne font encore l'objet d'aucun diplôme spécifique, hors celui de management des réseaux délivré par l'IUP de Colmar, la FFF travaille à des référentiels de postes détaillés et a créé un cursus de formation dédié aux animateurs et directeurs de franchises. Le recrutement peut se faire par les réseaux, par le biais de publications spécialisées sur la franchise, par les secteurs ou par le biais de sites Internet, dont celui de la FFF.
- Vous pouvez ainsi mettre en place un **organigramme franchise** (parfois distinct de celui de votre entreprise) auquel vos franchisés pourront se référer. Ils pourront ainsi savoir qui, dans votre tête de réseau, assurera le recrutement, le développement du réseau, qui sera l'interlocuteur en matière juridique ou d'aménagement, de produits ou de communication, qui animera le réseau... Faites en sorte que les choses soient claires pour vos franchisés dès le début, mais aussi pour l'avenir. La relation de confiance mutuelle qui sous-tend la constitution d'un bon réseau supporte mal les changements non signalés, les interlocuteurs injoignables ou fantômes, ou bien *a contrario* trop polyvalents.

En pratique

Les chiffres clés du réseau

Dans votre contrat de franchise, dans vos documents publicitaires et votre communication préalable au lancement de votre réseau, vous allez donner quelques chiffres clefs. Ceux-ci aideront vos premiers futurs franchisés à mieux vous cerner. Ils recouvrent:

- le droit d'entrée dans le réseau, qui est fréquemment mis en parallèle avec l'utilisation même de votre enseigne – et donc en rapport direct parfois avec la notoriété et l'attractivité de celle-ci – et de votre concept, ainsi qu'avec la formation initiale mise en place par vos soins;
- le montant des redevances (fixe ou variable), qui sont exigées pendant la durée du contrat – redevances directes liées à l'exploitation du concept, redevances liées à la publicité nationale ou locale, à la formation, etc.;
- le montant et la nature des autres obligations financières.

Lors de votre étude de faisabilité, il vous appartient de définir les montants et les conditions de paiement de ces droits et redevances, qui doivent bien évidemment vous permettre de tirer un profit direct de votre développement en franchise. Le profit doit être, pour votre entreprise, supérieur au coût de développement sans toutefois peser trop lourdement sur le budget de vos franchisés, qui doivent bien évidemment tirer profit de leur exploitation.

Vous devez également, au regard de cette étude et de l'expérience de vos unités pilotes, déterminer:

- une superficie moyenne de la surface de vente;
- un ou plusieurs types d'emplacement (voir le chapitre 4, p. 70);
- une zone de chalandise moyenne (voir le chapitre 4, p. 71);
- l'investissement moyen (ou une fourchette) que devra engager votre franchisé (il est en général donné hors droit au bail ou fonds de commerce);
- l'apport personnel moyen (ou une fourchette) de votre futur franchisé, qui est le montant des capitaux propres qu'il investira pour l'acquisition du fonds de commerce et de la franchise;
- et, donnée sensible, un chiffre d'affaires prévisionnel moyen (ou une fourchette).

Concernant ce dernier élément chiffré, ayez toujours en mémoire l'article 3.2 du code de déontologie: «Tout document publicitaire faisant apparaître directement ou indirectement des résultats financiers prévisionnels du franchisé devra être objectif et véritable.» Pour mesurer cette donnée commerciale, inspirez-vous de l'activité de votre ou de vos unité(s) pilote(s), en gardant à l'esprit leur caractère exemplaire de pilote!

DEVENIR FRANCHISEUR : SE DÉVELOPPER EN FRANCE, À L'ÉTRANGER

7

En France, il existe sans doute autant de manières de pratiquer la franchise que de réseaux : à savoir, plus de 1470... Entre les très gros réseaux du monde de la distribution alimentaire (Carrefour, Casino...), de l'hôtellerie-restauration (McDonald's, Quick, Kyriad, Mercure...), du bricolage (Catena) et les tout jeunes entrepreneurs des services aux personnes (Adhap Services, AFEP), du commerce de détail (Demenagerseul.com, Cash Express, Happy...), les différences sont bien sûr considérables. Reste qu'ils traduisent une pratique commune – la franchise, concrétisée par le savoir-faire, la nature de la relation franchiseur/franchisé et la nature du contrat – et un but également commun – renforcer la notoriété du réseau, consolider et conforter les avantages concurrentiels liés à l'enseigne et au savoir-faire. Comment les franchiseurs parviennent-ils à ce but ?

1. QUATRE SCÉNARIOS DE PASSAGE À LA FRANCHISE

Vous avez un réseau de succursales et souhaitez continuer à vous développer en franchise

Passer d'un réseau de succursales à un réseau de franchisés est le choix qu'ont fait avant vous de très nombreux réseaux du commerce de détail, de la coiffure, de la restauration...

Vous avez depuis quelques années développé un réseau de magasins sous enseigne, dans lesquels vous diffusez des produits et ou des services. Vous n'êtes pas un cas rare puisque, sur les 3000 enseignes se développant en France, plus de la moitié le fait exclusivement en succursales... Cette situation signifie que vous êtes le propriétaire de tous vos points de vente et l'employeur de tous les salariés qui travaillent dans ces points de vente, des directeurs et directrices de magasin aux hôtes et hôtesses d'accueil.

Votre souhait de passer à une stratégie franchise peut être initié:

- soit par une impulsion extérieure – un partenaire qui connaît le réseau, un directeur de magasin ou un client, ou encore un distributeur étranger;
- soit par une réflexion concertée – au-delà d'un certain nombre de points de ventes, il s'avère plus intéressant de traiter avec un ou plusieurs franchisés que de gérer seul personnel et investissements dans un réseau de magasins en propre.

Dans tous les cas, réfléchissez bien avant de franchir le pas: la franchise est presque un métier à part entière (voir le chapitre précédent).

Sachez aussi, lorsque vous vous posez la question de faire passer à la franchise votre réseau qui jusqu'ici se développait en succursales, que la plupart des réseaux de franchise sont mixtes, c'est-à-dire qu'ils comprennent à la fois des succursales (au-delà de l'indispensable unité pilote) et des magasins franchisés.

Mixité ne veut pas dire parité et, selon les secteurs, la proportion de magasins franchisés par rapport au nombre total de points de vente est variable. D'après les chiffres publiés en 2006 par la Fédération française de la franchise dans son annuaire (*Toute la Franchise 2006*), cette proportion est très forte dans l'immobilier (97 % des agences des réseaux de franchise immobilière sont des franchises), dans la coiffure et l'esthétique corporelle (86 %). Elle est plus proche des 50 % dans l'équipement de la maison (67 %), dans la restauration rapide (74,5 %), dans l'hôtellerie (58 % également), dans l'alimentaire (50 %) et dans l'équipement de la personne (45 %).

Elle est très inférieure à 50 % dans la restauration classique et à thème (39 %).

Au-delà des différences caractérisant les secteurs, on remarquera que la mixité est liée à l'histoire des réseaux (comment ceux-ci se sont-ils développés avant de songer à la franchise ?), à la nécessité pour eux d'être absolument présents dans des sites commerciaux (zones commerciales et emplacements hyperurbains très onéreux) qui n'acceptent pas volontiers les commerçants franchisés… En tout état de cause, il n'existe aucun « pourcentage idéal de franchise » : tout dépendra de votre réseau, de la façon dont vous le gérerez, de son attractivité pour les commerçants investisseurs que sont les franchisés.

Exemple

Développement surprise pour Rapid'Flore

Patrick Hautot travaillait depuis quelques années dans la grande distribution quand l'idée lui vint de prendre de la distance pour ouvrir un magasin de fleurs. Le lancement est mûrement réfléchi (un an de préparation avec son associé Benoît Rault), et Rapid'Flore ouvre en 1995. Les deux amis sont à la caisse, aux livraisons, en magasin. L'affaire démarre très bien et il leur faut rapidement embaucher. Puis viennent les sollicitations familiales : l'idée est si bonne que la sœur de Patrick Hautot, puis l'un de ses anciens collègues, souhaitent reproduire le concept.

Douze ans plus tard, l'enseigne compte près de 200 magasins et se développe en Espagne, en Andorre et en Italie, où son jeune master franchisé vient d'ouvrir à Rome son premier magasin. Elle teste aussi les diversifications et les associations logiques : création d'une enseigne en association avec Jardiland, Tutti Flori, initiation d'un partenariat avec un réseau de franchise dans le secteur du funéraire, Roc-Éclerc, ouvertures en corner dans les stations services BP.

Le succès du réseau le rend si séduisant que son collègue Monceau fleurs le rachète pour compléter son offre…

N'oubliez pas non plus, même si ces cas sont extrêmes, que vous pouvez opter pour la franchise uniquement pour vous développer à l'étranger; c'est le cas d'un certain nombre d'enseignes de luxe d'origine française, de Lancel à Mariage, en passant par Fauchon. Vous pouvez aussi ne lancer, parallèlement à votre réseau succursaliste, qu'une ou deux franchises (cas assez fréquent dans la restauration à thème et l'équipement de la personne), afin de répondre à des situations particulières d'implantation ou à des opportunités ponctuelles.

Dans ces cas précis, on peut alors difficilement parler de réseau de franchise ou même de mixité; cela dit, vous avez signé un contrat de franchise et transmis un savoir-faire par le biais d'un manuel opératoire et d'une formation… Investissements dont il vous faudra, à l'occasion du renouvellement de ce contrat, vérifier la pertinence.

Avant le passage de votre réseau à la franchise, vous devrez nécessairement vous poser quelques questions qui sont les suivantes.

- **Un franchiseur anciennement succursaliste a-t-il intérêt à recruter ses franchisés parmi les cadres de ses magasins?**

L'avantage est que ces anciens salariés de l'entreprise connaissent bien le concept. Pour autant, vous devrez néanmoins jauger leurs capacités de franchisés, c'est-à-dire de chefs d'entreprise, commerçants indépendants.

- **Un franchiseur anciennement succursaliste peut-il vendre tout ou partie de ses succursales à des franchisés potentiels?**

Bien sûr, encore faut-il respecter:

  - l'équilibre général de votre réseau, sa logique de développement et d'innovation;
  - les éventuels accords de concession ou de location qui vous lient aux emplacements commerciaux où vos succursales étaient implantées.

7

Faire le point

Mixité du réseau ou tout franchise?

La mixité d'un réseau présente les avantages suivants: une maîtrise renforcée du concept, une capacité à expérimenter plus grande et la possibilité d'être présent dans des lieux où les commerçants indépendants ont du mal à s'installer. Quant aux avantages du (presque) tout franchise, ce sont: une spécialisation de l'équipe dirigeante sur les questions d'amélioration du concept, de gestion et de développement du réseau, une stratégie plus claire où magasins en franchise et magasins en propre ne peuvent connaître de situations antagonistes.

À vous de juger...

- **Si la stratégie de la franchise ne lui convient plus, un franchiseur anciennement succursaliste peut-il revenir au développement en propre?**

La stratégie de franchise peut ne pas convenir à ses ambitions de développement, mais aussi lui donner l'impression que le concept et l'enseigne pâtissent de ne plus être exploités en propre. Plus généralement, certains dirigeants de magasins peuvent ne pas s'adapter au métier de franchiseur et à ses complexités.

Ces principes posés, la réponse à la question est: bien sûr. Toutefois, le retour en arrière s'avère parfois plus difficile: vous devrez soit attendre l'expiration du contrat de franchise qui vous lie à votre franchisé, soit en négocier la résiliation. Attention, l'opération peut s'avérer financièrement très lourde...

Vous avez un réseau de commerce associé – sous forme de concession, coopérative ou partenariat moins formalisé – que vous souhaitez développer en franchise

On l'a vu au début de cet ouvrage, la franchise n'est pas la seule forme de commerce associé qui existe en France. Pour des raisons historiques, votre réseau peut être structuré en coopérative ou en concession, par exemple. Dans le premier cas, un certain nombre de commerçants indépendants partagent, sur une base associative, un concept commercial, une enseigne, une centrale d'achat… et les rênes du pouvoir. Ce genre de structures se rencontre pour l'essentiel dans le domaine de la grande distribution (Super U, Intersport), de l'optique (Krys, Atol, Optique 2000), du bricolage (Monsieur Bricolage) et de la papeterie (Majuscule).

Les logiques de développement (et notamment le souci d'être présent dans des zones géographiques où la logique coopérative est difficilement opérante), la complexité des processus de décision et les réalités économiques peuvent pousser un réseau coopératif à opter pour un autre type d'association commerciale.

Si les commerçants coopérateurs sont décidés à accepter ce changement et si le savoir-faire développé par l'enseigne coopérative peut être le support d'un contrat de franchise, ces commerçants ont effectivement la possibilité de franchir le pas. Le processus est toutefois long : il faut non seulement modifier les contrats en profondeur, mais encore toute la structure décisionnelle et organisationnelle de l'entreprise.

Le passage à la franchise s'avère souvent plus facile pour les réseaux de concession et de « partenariat », ne serait-ce que parce que le pouvoir de décision du réseau échoit, comme pour la franchise, à la seule tête de réseau, pour ce qui est des décisions stratégiques. Si ces réseaux développent un vrai concept, appuyé sur un réel savoir-faire, ils ont tout intérêt, après analyse, à réécrire et à renégocier les contrats du réseau : la transmission du savoir-faire et l'assistance figureront au cœur de ces contrats qui conserveront – le cas échéant – les clauses d'exclusivité territoriale qui sont propres à la concession.

Dans tous ces cas de figure, vos premiers franchisés sont en général recrutés parmi vos anciens coopérateurs, concessionnaires ou partenaires, déjà commerçants indépendants. Vous allez néanmoins devoir leur apprendre (et vous apprendrez avec eux, car vous aussi changez de métier…) quelques règles de fonctionnement nouvelles :

la réévaluation du savoir-faire et des méthodes de transmission du savoir-faire – par la formation, l'assistance et l'animation (dont le coût financier peut dès lors s'avérer plus lourd pour les franchisés comme pour le franchiseur) –, mais également la reformulation ou la modification des exclusivités. Concernant cette mixité d'un genre particulier, deux questions se posent.

- **Un concessionnaire, ou un «partenaire», peut-il refuser la modification de son contrat? Quel est alors votre recours?**

Oui, le concessionnaire peut refuser la modification de son contrat, puisque cette modification exige le consentement réciproque des deux parties. Votre seule possibilité reste donc d'obtenir l'accord du partenaire qui signera alors soit un avenant au contrat initial soit un nouveau contrat.

En général, les partenaires refusent les modifications ayant trait à un élément essentiel et substantiel de leur contrat – comme le savoir-faire, l'exclusivité territoriale et le paiement de redevances. Il vous faudra donc au préalable démontrer à ces partenaires que la modification que vous proposez est bénéfique à l'ensemble du réseau. Si tel est le cas, et partant du principe que les concessionnaires ou partenaires sont de bonne foi, ils n'ont plus aucune raison de s'opposer à la modification de leur contrat.

Dans le cas contraire, vous n'avez pas de recours et devez attendre l'expiration du contrat.

- **Peut-on conserver dans un même réseau plusieurs types de contrat de commerce associé?**

Oui, c'est tout à fait possible, mais cela suppose que vous soyez en mesure de gérer ces différences. En effet, les méthodes de management, de renouvellement de contrat, d'information et de formation ne sont pas forcément les mêmes…

Il faut en outre que vous respectiez les obligations qui découlent des divers types de contrats, que vous évitiez de privilégier un réseau plutôt qu'un autre et que vous ne pratiquiez pas de discrimination entre ces réseaux. Faute de quoi, vous vous exposeriez alors à de lourdes condamnations, si vos distributeurs, quels qu'ils soient, vous assignaient en justice…

Votre entreprise marche bien: vous développez le concept commercial qui en est la base en franchise ou vous développez votre concept ex nihilo

Dans ces cas précis, vous arrivez en franchise sans autre passé que celui, éventuel, d'une entreprise qui compte au plus deux ou trois succursales. Votre savoir-faire est neuf – si ce n'est que vous l'avez formalisé à partir de votre expérience et que vous l'avez mené à bien depuis quelques années. Vous décidez maintenant de proposer votre savoir-faire à de futurs franchisés qui ne l'ont jamais mis en œuvre. Votre plan de développement n'étant tributaire d'aucun réseau préexistant, il vous faut le bâtir en gardant à l'esprit quelques règles essentielles:

- **Vous devrez scrupuleusement choisir vos futurs franchisés**. Il vous faudra toujours préférer la qualité à la quantité. Les prescriptions du type « un réseau ne survit que s'il ouvre trente (cinquante ou cent) franchises par an » n'ont guère plus de pertinence que les régimes diététiques standard que les journaux publient chaque année en juin: elles conviennent à certains réseaux… pas du tout à d'autres.
- **Vous devrez très soigneusement choisir vos implantations**. Celles-ci doivent correspondre – même lorsqu'elles vous sont proposées spontanément par vos futurs franchisés – aux emplacements commerciaux et à l'environnement que votre concept exige. Par exemple, vous ne choisirez pas un emplacement en sortie de la ville si votre enseigne fait du prêt-à-porter haut de gamme, ni un terrain sans parking si vous développez un concept de boulangerie en sortie de ville, encore moins un emplacement sur un campus universitaire si vous êtes restaurateur avec un ticket moyen de 15 €, pas plus que dans un bourg de 10000 habitants si vous donnez dans le commerce très spécialisé…

7

- **Vous devrez respecter les zones de chalandise de vos franchisés** même si votre contrat ne comprend aucune clause d'exclusivité territoriale.

Conseil

Où recruter vos franchisés?

Hors quelques candidatures spontanées émanant de proches ou d'investisseurs intéressés, vous allez devoir recruter des candidats qui vous sont inconnus. Vous avez la possibilité de:

- présenter votre réseau et recueillir des candidatures sur un site de recrutement sur Internet, dédié à la franchise et au commerce en réseau. S'il y a cinq ans n'existaient que deux sites dédiés au recrutement franchise, ils sont aujourd'hui légion. Privilégiez donc ceux qui, à l'instar de **www.observatoiredelafranchise.fr** (le site associé à Franchise Expo Paris) permettent aux candidats de faire ressortir leurs qualifications et leur parcours et qui vous permettent, en back-office, de gérer cette base de données d'entrepreneurs intéressés par votre concept;
- mettre une annonce dans la presse spécialisée franchise ou création d'activités, mais aussi dans la presse économique ou dans les hebdomadaires généralistes (*L'Express*, notamment), qui commencent à faire une petite place à la franchise;
- dédier une partie de votre site Internet à la recherche de candidats franchisés (encore faut-il que vous ayez déjà une certaine notoriété et que votre site soit bien référencé);
- participer à Franchise Expo ou à Top Franchise Méditerranée et à des salons dédiés à la création d'activité. En moyenne, un exposant à Franchise Expo rencontre quelque deux à trois cents candidats potentiels et conclut, après le salon, de deux à dix contrats de franchise.

Si vous êtes adhérent de la FFF, vous pouvez aussi rencontrer ces candidats lors de forums ou de journées d'information décentralisées organisées par la FFF ou grâce au site de la FFF **www.franchise-fff.com.**

- Au fur et à mesure que votre réseau grandit, **vous devrez structurer une équipe franchise** qui puisse répondre aux besoins d'animation, d'assistance, de formation et d'innovation de vos franchisés.
- **Vous devrez créer et maintenir des unités pilotes**, qui vous permettront de tester les évolutions de votre concept et de former les nouveaux franchisés. Le cas échéant, vous pourrez recourir à la succursale pour des implantations stratégiquement nécessaires et pour lesquelles vous n'avez pas trouvé – ou ne trouverez pas – de candidat franchisé.

Cas particulier: vous êtes le master franchisé d'une enseigne étrangère

Un master franchisé (voir p. 10, mais aussi p. 143) est un commerçant indépendant qui se lie par contrat à un franchiseur, ou master franchiseur, et qui contracte à son tour, sur un territoire donné, avec des franchisés, commerçants indépendants. Ce type de processus est fréquent pour l'implantation en France d'enseignes étrangères lorsque celles-ci souhaitent bénéficier des connaissances et des capacités locales.

Master franchisé, vous développez en France un concept qui a déjà une histoire et une expérience à l'étranger. Vos relations avec les franchisés que vous allez recruter sont régies par le code européen de déontologie de la franchise (voir l'article 6 de ce code, reproduit p. 189 des «*Infos++* ») – contrairement à celles que vous entretenez avec votre propre franchiseur.

En clair, cela signifie que vous devez mettre en place, pour vos franchisés, un DIP en français, un contrat adapté au droit français et leur fournir un manuel opératoire en français, mais prévoir également formation et assistance en français. En outre, votre savoir-faire devra être substantiel, secret et transmissible.

7

Exemple

Sign A Rama, l'adaptation réussie en France d'un concept américain

Le premier Sign A Rama français a élu domicile à Paris début 2002. Le concept – un centre de conception et de fabrication d'identité et d'expression graphique tourné essentiellement vers les PME – est américain.

Ses master franchisés français, Olivier et Rouba Fossat, l'ont découvert en Afrique du Sud où ils travaillaient pour une entreprise internationale. L'un de leurs collègues avait implanté l'enseigne dans ce pays où la franchise, en particulier de service, prospère. De retour en France, les Fossat ont ainsi pu éviter nombre d'erreurs. Après avoir suivi la formation du franchiseur en Amérique, ils ont appliqué son savoir-faire pendant trois ans en France, prenant le temps de voir si l'enseigne prenait et d'effectuer les adaptations nécessaires, en accord avec la tête de réseau.

Olivier et Rouba Fossat se sont « hâtés lentement », ont fait rédiger les contrats français par des experts français de la franchise et ont participé à leur première Franchise Expo Paris en 2005, une fois rassurés sur le fonctionnement du concept en France. Début 2007, la première convention française réunissait 12 franchisés, tous formés par Olivier et Rouba dans leur magasin de Paris, devenu le pilote du réseau après en avoir été le magasin test. En 2010, ils comptent 18 franchisés.

2. L'EXPORTATION DU CONCEPT

Est-il facile de développer un concept à l'étranger ? Le problème de l'exportation du concept est lié au besoin d'adapter celui-ci aux spécificités du nouveau marché dans lequel vous envisagez de vous développer, ainsi qu'aux particularités du cadre juridique des pays envisagés.

Adapter votre savoir-faire au pays

Tout d'abord, l'ensemble de vos outils devra être adapté : le contrat, la marque, l'assistance, le manuel opératoire... Il faut donc, comme cela a été fait au moment de la création du réseau en France, consacrer du temps à cette adaptation. Cette démarche peut être facilitée si vous trouvez un partenaire local. Ce dernier devra être bien implanté dans son pays, connaître le marché et les hommes. Ce type de partenariat peut notamment se développer *via* un contrat de master franchise dont le master franchisé (ou franchisé principal) assurera l'adaptation du concept.

Quel cadre juridique

Concernant la loi applicable, le principe à retenir est celui de l'autonomie de la volonté. En cas de conflit de loi, la convention de Rome du 19 juin 1980 édicte les principes de rattachement.

En cas de litige, votre affaire sera soumise à la juridiction désignée dans le contrat. Si vous devez faire exécuter la décision dans un autre pays que celle où elle a été rendue, il vous faudra en obtenir l'exequatur.

Aussi, en matière internationale, les parties privilégient-elles le recours à l'arbitrage. Il convient donc d'insérer dans votre contrat une clause compromissoire, telle que celle de l'arbitrage institutionnel de la Chambre arbitrale de Paris, qui dispose d'une section internationale.

La franchise française à l'étranger

Le commerce d'enseigne se développe partout dans le monde, dans des conditions plus ou moins favorables.

Votre enseigne peut donc s'avérer aussi attractive sur certains marchés étrangers qu'elle l'est en France. Dans certains domaines comme le prêt-à-porter, la coiffure ou la boulangerie, le fait que l'enseigne soit française peut d'ailleurs même constituer un avantage concurrentiel...

Parallèlement à votre développement en France, vous pouvez donc exporter votre enseigne, soit en propre – en ouvrant des magasins en succursales, en direct ou depuis une filiale étrangère ou une société en joint-venture –, soit en franchise.

Sur les 1470 réseaux de franchise actifs recensés par la FFF en 2010, 220 sont d'origine étrangère et 305 des réseaux français qui exportent. Les secteurs champions de l'exportation sont actuellement représentés par l'équipement de la personne, la coiffure et l'esthétique: plus de 40 % des réseaux de franchise de ces secteurs sont des réseaux qui exportent. Au total, les réseaux français avaient, en 2010, dépassé les 10000 franchisés à l'étranger – de la Belgique à la Malaisie, en passant par la Chine, le Kazakhstan, les pays du Golfe, l'Algérie, les États-Unis, le Canada, le Venezuela, l'Australie, l'Inde, le Japon...

Prendre la décision d'exporter votre enseigne

Selon la taille de votre réseau, en fonction de votre histoire et de votre secteur d'activité, la décision d'exporter en franchise s'impose plus ou moins.

En pratique

Ne tentez l'aventure de l'export que si votre enseigne a une bonne chance de connaître le succès à l'étranger, et après une étude sérieuse ou une expérience concluante.
Et souvenez-vous qu'un échec à l'étranger n'est pas chose irrémédiable: une fameuse enseigne de hamburgers américains a pu enfin réussir son implantation en France... mais après une première tentative malheureuse en master franchise.

Si certaines enseignes réservent d'ailleurs la stratégie de la franchise à leur seul développement à l'étranger, d'autres répondent à des demandes ponctuelles de futurs franchisés séduits par l'enseigne et prêts à tenter leur chance. D'autres encore font de ce développement une véritable stratégie d'enseigne. Hormis le cas particulier de la candidature spontanée d'un futur franchisé à l'international (il vous faudra alors nécessairement faire traduire et adapter au contexte local tous vos documents, du contrat aux plaquettes, en passant par le document d'information précontractuelle et le manuel opératoire), le développement à l'étranger ne se fait cependant pas sans investissements importants tant humains que matériels.

€xemple

Monceau Fleurs, à Tokyo et Londres

Monceau Fleurs, fort d'un beau développement en France (plus de 130 magasins) a réalisé en 2006 et 2007 deux belles percées à l'international.

Au Japon, c'est un fleuriste en gros qui a perçu le potentiel de l'enseigne dans son pays et fait le premier pas vers Monceau. L'équipe japonaise a été formée au concept en France et sur place, et deux magasins ont ouvert à Tokyo en 2006. Au Royaume-Uni, le développement se fera à partir d'une filiale anglaise et avec le soutien d'un fonds d'investissement. Le premier magasin a ouvert à Londres, dans le quartier de Kensington, en septembre 2007.

Les étapes de l'implantation à l'étranger

Pour tenter une première percée à l'étranger, plusieurs pistes s'offrent à vous.

La première peut être initiée par l'offre spontanée d'un candidat franchisé qui a repéré votre enseigne.

La deuxième concerne votre participation à un salon de la franchise et du commerce associé à l'étranger. Il y a environ quarante salons de ce type par an, dans tous les coins du monde. Pour connaître l'actualité des salons de la franchise, sur Internet tapez **www.franchise-fff.com** ou consultez la FFF par téléphone au 01 53 75 22 25.

7

La troisième opportunité est votre participation à l'une des nombreuses missions commerciales organisées tous les ans sous l'égide des postes d'expansion commerciale français à l'étranger ou d'organismes étranger correspondants en France. Le site Internet d'UbiFrance (**www.ubifrance.fr**) est une mine d'informations à ce sujet. Enfin, par le biais des ambassades et des attachés commerciaux français à l'étranger ou encore des missions économiques, vous pouvez organiser une visite sur mesure dans le ou les pays dans lesquels vous souhaitez vous implanter. Un premier contact peut être noué à Franchise Expo, le salon parisien de la franchise, qui reçoit chaque année des délégations étrangères d'investisseurs venant du monde entier et organise conférences et rendez-vous sur l'exportation.

N'hésitez pas, à l'occasion de ces préliminaires, à contacter les associations et fédérations de franchise actives dans les pays où vous envisagez de vous implanter. Il en existe dans plus de cinquante pays et la plupart sont adhérentes à la EFF (European Franchise Federation, **www.eff-franchise.com**) et ou au World Franchise Council (**www.worldfranchisecouncil.org**). Pour mieux cerner les développements de la franchise à l'étranger, vous pouvez étudier le tableau de ses implantations[1] ci-après.

Les pays de franchise	Nombre de franchiseurs	Nombre de franchisés
Afrique du Sud	531	28620
Allemagne	960	58000
Argentine	300	10000
Australie	1000	70000
Autriche	390	6900
Belgique	360	nc
Brésil	1643	79988
Canada	1200	78000

1. Données fournies en 2009 par les associations et fédérations de franchise des pays cités, collectées par la World Franchise Council. Cette liste n'est pas exhaustive…

Les pays de franchise	Nombre de franchiseurs	Nombre de franchisés
Chine	2800	260000
Colombie	120	4667
Espagne	919	57139
États-Unis	2900	900000
Finlande	265	6800
France	1369	51600
Grande-Bretagne	842	34800
Grèce	563	18089
Hongkong	60	nc
Hongrie	341	18000
Inde	1800	120000
Israël	240	6000
Italie	869	53313
Japon	1231	230822
Malaisie	360	nc
Mexique	80	60000
Nouvelle-Zélande	400	15217
Pays-Bas	679	28475
Pologne	565	26640
Portugal	524	11271
République tchèque	150	nc
Russie	95	1850
Singapour	500	30000
Slovénie	107	1527
Suède	550	18000
Suisse	250	nc
Taïwan	1188	55339
Thaïlande	154	800
Turquie	1640	44225

7

À savoir

Toutes les associations membres de la Fédération européenne de la franchise demandent à ce que leurs membres respectent le code européen de déontologie de la franchise et que toutes les autres associations et fédérations disposent d'un code ou de lignes directrices.
Ces structures sauront également vous conseiller sur les emplacements, les ouvertures de centres commerciaux, les secteurs favorables ou défavorables...

Dans un deuxième temps, la collaboration de ces fédérations et associations vous sera indispensable, dès lors qu'il vous faudra traduire et adapter au pays d'exportation les documents relatifs à votre franchise.

Ces organismes travaillent tous avec des juristes et des experts qui connaissent parfaitement la réglementation nationale ou supranationale de la franchise (et plus généralement du commerce) en vigueur dans le pays.

Ils vous aideront à examiner l'ensemble des aspects juridiques et pratiques de votre implantation tels que la nature du contrat, l'obligation ou non d'une information précontractuelle, l'enregistrement obligatoire ou non (il l'est dans un pays au moins, l'Espagne, et dans certains états des États-Unis et du Canada), ainsi que d'autres obligations commerciales (par exemple, la Chine, marché en pleine expansion et nouveau membre de l'Organisation mondiale du commerce, impose encore quelques contraintes aux enseignes qui s'exportent sur son territoire).

En pratique

Traduire votre concept

- Si le master franchisé est d'accord, vous pouvez rédiger le contrat dans votre langue. Mais il convient alors de traiter différemment les contrats de franchise entre le master franchisé et les franchisés nationaux, ainsi que les manuels opératoires, qui seront rédigés dans la langue du pays. Dans certains pays, la loi requiert, sous peine de nullité, qu'un contrat soit rédigé dans la langue locale. Il est donc recommandé, lorsque le contrat est rédigé dans la langue du franchiseur, d'y annexer la traduction dans la langue du pays concerné. Ce point est particulièrement important dans les pays où le contrat doit être déposé auprès des autorités locales. Dans cette hypothèse, il est possible de prévoir quelle version prédominera en cas de litige lié à l'interprétation.
- Il est de toute façon préférable de rédiger les manuels et le contrat dans la langue du master franchisé. Il est également possible que chacune des parties en fasse réaliser une traduction, mais ce système comporte des risques en cas de contradictions et des coûts supplémentaires.
- Vous pouvez aussi opter pour une langue de travail commune au franchiseur et au master franchisé. Là encore, faites examiner le contrat par un juriste local et veillez à ce qu'aucune loi impérative ne rende obligatoire la rédaction dans la langue du pays concerné.
- S'agissant des notifications ou des demandes d'accord devant être faites auprès du franchiseur, dans des domaines tels que la publicité ou les rapports d'activité du master franchisé, là encore il convient de définir quelle langue sera utilisée.
- Enfin il est possible de prévoir, dans le contrat de master franchise, une clause d'arbitrage qui permettra d'éviter le recours devant les tribunaux du pays d'implantation du master franchisé en cas de litige. Sinon, il faudra que le contrat détermine la loi applicable ainsi que la juridiction compétente.
- Et n'oubliez pas de prévoir également la devise qui sera utilisée, de prendre en compte les aspects fiscaux, de veiller à la protection de la marque...

7

À partir de quelle structure constituerez-vous votre réseau à l'étranger?

Plusieurs solutions s'offrent à vous:

- **La franchise directe** convient aux essais d'implantation et aux franchises «spontanées»: les franchisés étrangers contractent directement avec la tête de réseau en France.
- Si vous concevez l'export comme une stratégie concertée, mieux vaut créer **une filiale** qui fonctionnera avec une certaine indépendance et créera une ou plusieurs unités pilotes et commencera à franchiser, après expérimentation en bonne et due forme, le concept dans le pays d'export. C'est le choix qu'a récemment fait Monceau Fleurs pour une implantation en Grande-Bretagne (1er magasin à Londres en septembre 2007).

Exemple

Mikit en Roumanie

Maisons Mikit est un concept unique en France et dans le monde. Le promoteur construit le gros œuvre (fondations, murs, charpente, toit) et livre au client des kits de finitions pour tout ce qui concerne la plomberie, l'électricité, le second œuvre. Cela permet de réaliser une économie de 30 % sur le coût de la maison. L'enseigne et ses franchisés ont fait ainsi construire et finir plus de 30000 maisons en France. En Roumanie, c'est un entrepreneur franco-roumain qui développe Maisons Mikit. Si les clients français sont séduits par le côté économique d'une Maison Mikit, les consommateurs roumains, eux, peuvent ainsi pallier la rareté de main-d'œuvre qualifiée dans le bâtiment.

- Vous pouvez aussi contracter avec **un master franchisé**, qui assume pour vous, sur le territoire de votre choix (groupe de pays, pays, région) la fonction de franchiseur. Au premier abord, cette option a l'avantage d'être plus légère pour le franchiseur – les investissements en tous genres sont bien moindres que ceux qu'entraîne la création d'une filiale dans un environnement administratif parfois lourd. Mais elle est parfois plus risquée: tout dépend de la capacité du master franchisé, qui est à la fois ambassadeur, éclaireur et bâtisseur de l'adaptation de votre concept à un contexte étranger. Vous avez tout intérêt à surveiller de près ce travail d'adaptation et à contrôler régulièrement la façon dont votre enseigne est développée.

NOUVELLES TECHNOLOGIES ET RÉSEAU DE FRANCHISE

8

Il paraît important de consacrer maintenant un chapitre de ce guide à l'utilisation par les réseaux de franchise des nouvelles technologies de l'information, notamment celle d'Internet. Si l'on s'en tient aux seuls adhérents de la Fédération française de la franchise, la totalité d'entre eux ont un site d'enseigne.

La plupart du temps, le site s'adresse :

- *aux consommateurs des produits et des services de l'enseigne pour présenter, en coordination avec les points de vente en propre ou en franchise, l'enseigne et ses diverses prestations de services, pour vendre, préparer à la vente, présenter les services et produits de l'enseigne ;*
- *aux futurs franchisés : recrutement, information…*
- *aux franchisés de son réseau : sites à accès réservé où sont échangées, par exemple, les informations financières du réseau, des évolutions ou savoir-faire, des nouveaux services.*

Ces sites sont intégrés au savoir-faire de l'enseigne, au même titre que les technologies informatiques de transmission de l'information.

1. VOTRE RÉSEAU DE FRANCHISE A-T-IL VRAIMENT BESOIN D'INTERNET ?

Les réseaux de franchise pouvaient encore, il y a quelques années, se poser la question d'une présence sur Internet et y répondre négativement en arguant plusieurs raisons : l'enseigne est suffisamment connue, les produits et services sont dans certains cas difficilement diffusables par le biais du net, les internautes ne sont pas encore suffisamment nombreux… De surcroît, Internet apparaissait encore comme un média parmi d'autres et certains prophétisaient son « explosion en vol ». Dans le cas spécifique de la commercialisation de produits sur Internet, se posait également le problème d'une concurrence directe de l'enseigne avec ses franchisés auxquels elle avait, bien souvent, concédé une exclusivité territoriale.

Dès le début des années 2000, on peut dire que les trois quarts des réseaux de franchise français avaient balayé ces objections et développé un ou plusieurs sites. Au pire, l'idée était qu'il « fallait être sur Internet » pour montrer, tant aux consommateurs qu'aux futurs franchisés, que l'on n'était pas complètement imperméable au progrès. En 2010, il ne reste plus rien de ces réticences. Tous les réseaux se sont dotés d'un site et d'une identité sur le net.

Les franchiseurs ont pleinement compris le parti qu'ils pouvaient tirer d'un média extrêmement souple et riche : Internet est aujourd'hui le seul média qui possède la capacité de proposer des contenus d'information utilisant en même temps l'écrit, l'image fixe, la vidéo, le son, la recherche fine de contenus, les calculs… et ce de façon interactive et à un coût modéré pour l'utilisateur.

Les sites des franchiseurs – qu'il s'agisse de sites de recrutement, de sites proposant des services liés aux points de vente ou encore des sites à accès réservé de communication pour les franchisés – sont devenus partie intégrante du fonctionnement du réseau de franchise… ou du réseau de distribution (en ce qui concerne les sites de commerce électronique) et sont intégrés au savoir-faire.

À savoir

Internet, un outil efficace à l'international

Le caractère international d'Internet vous permet d'être visible depuis tous les pays, mais pas forcément intelligible... Si Internet représente l'un des outils de votre développement à l'étranger, vous devez proposer des versions de votre site en anglais et en espagnol, au minimum. Les autres langues dépendent de vos capacités linguistiques et de vos souhaits de développement. Dans cette optique, suivez quelques règles de base :

- faites traduire vos pages en langue étrangère par des traducteurs professionnels ;
- mettez ces versions de votre site à jour avec autant de rigueur que pour votre site principal ;
- soyez en mesure de répondre – par mail, courrier ou fax – dans les langues que vous utilisez sur votre site à toutes les personnes qui l'utilisent pour vous contacter.

2. LES PRÉCAUTIONS À PRENDRE AVANT DE LANCER UN SITE

Vous pouvez, à tout moment de la vie de votre réseau, créer un site Internet : avant le lancement du réseau, au moment de sa constitution ou bien après qu'il soit structuré. Quoi qu'il en soit, vous avez tout intérêt, lorsque vous êtes encore dans la phase de mise en forme de votre concept (se référer au chapitre 6), à procéder à la réservation d'un ou de plusieurs noms de domaine.

Internet possède cette particularité curieuse de n'appartenir vraiment à personne : s'il est vrai que vous devez payer un fournisseur d'accès et une communication téléphonique lorsque vous le consultez, la plupart des contenus sont gratuits. Pour réguler et rationaliser cette masse énorme d'informations, assez rapidement sont apparus des organismes de gestion des noms de domaine, auprès desquels vous devrez **acheter votre nom de domaine**.

Pourquoi le faire dès la conceptualisation de votre savoir-faire, même si vous n'avez pas l'intention de lancer ce site immédiatement ? Parce que si vous ne le faites pas, quelqu'un risque de le faire à votre place… Si votre enseigne a une forte notoriété et que votre marque est bel et bien déposée, le risque est relativement limité : une personne extérieure à votre entreprise aura difficilement la possibilité d'utiliser le nom de votre marque (voir le chapitre 3, p. 54). Si par contre votre concept est nouveau, le risque est plus grand. Il peut d'ailleurs arriver que vous découvriez, au moment d'acheter votre nom de domaine, que celui-ci a déjà été retenu par quelqu'un d'autre. Il vous faudra alors soit négocier avec cet acquéreur le rachat du nom de domaine, soit opter pour un nom différent mais qui rappelle tout de même celui de votre enseigne.

En pratique

Quel nom de domaine choisir?

Le plus simple est souvent le meilleur.

www est le radical obligatoire pour la grande majorité des sites. Il est suivi d'un point, du nom de votre enseigne – si ce dernier est composé, omettez les espaces ou remplacez-les par des tirets pour obtenir, par exemple, **duvalsburgers** ou **duvals-burgers** –, d'un autre point et d'une terminaison qui correspond à la provenance géographique ou à l'activité du site. Cette terminaison est variable : **com** pour les sites entreprises (qui peuvent aussi utiliser **biz**), **fr** pour la France (**uk** pour la Grande-Bretagne, **be** pour la Belgique, **ru** pour la Russie etc.), **org** pour les organismes officiels, **asso** pour les associations, **net** pour les sites de prestataires informatiques… La réservation des noms en **.fr** se fait auprès de l'AFNIC, celle des noms en **.com** et **.biz** auprès d'organismes sélectionnés par INTERNIC.

Vous avez également la possibilité d'adjoindre un élément descriptif à votre nom d'enseigne – **clair-rivage-hotels**, **solange-coiffure**… et retenir plusieurs noms de domaines correspondant aux pays et aux spécialités sous lesquelles vous souhaitez être identifié : **monenseigne.fr**, **monenseigne.com**, **monenseigne.be**, **monenseigne.my**…

Prévoyez aussi l'éventualité de microsites créés par vos franchisés et de retenir auprès de votre organisme de référence des structures de nom de domaine du type : **www.monenseigne-paris.com**, **www.monenseigne-lille.com**, etc.

Les règles d'obtention d'un nom de domaine se sont considérablement simplifiées depuis 2000 ; pour une simple réservation, les prix (dépassant autrefois les 50 € par an pour un nom, notamment en **.fr** et **.eu**) ont baissé. Un entrepreneur peut désormais réserver son ou ses nom(s) de domaine auprès d'un prestataire spécialisé, lequel sera souvent l'hébergeur du site... Ne laissez pas passer les dates de renouvellement de vos noms, vous risqueriez de devoir payer des frais de réinscription importants. Vous pouvez également utiliser les services d'un cabinet juridique spécialisé dans la surveillance et les contentieux relatifs aux noms de domaine.

Il existe aussi le cas rare, mais bien spécifique à la franchise, où l'un de vos franchisés a acheté ce nom de domaine à une époque où vous ne songiez guère à être présent sur Internet. Négociez avec lui et, pour éviter d'autres surprises de ce genre, intégrez les règles de l'utilisation d'Internet à votre contrat, à votre savoir-faire et à vos manuels opératoires.

3. QUEL TYPE DE SITE POUR VOTRE FRANCHISE ?

Vous pouvez vous contenter d'un site très simple présentant votre enseigne et où seront donnés au minimum les produits ou services que vous commercialisez ainsi que la liste des points de vente de votre enseigne, en signalant plus particulièrement ceux qui sont franchisés. N'oubliez pas d'indiquer vos coordonnées et une adresse e-mail où vous joindre.

Vous avez la possibilité d'enrichir ce site en y adjoignant une lettre mensuelle, divers conseils sur votre secteur d'activité, des animations centrées sur vos produits et services, la visite virtuelle de vos points de vente...

Songez également, si vous visez la clientèle des enfants et adolescents, à dédier à ces derniers des pages spécifiques… en gardant à l'esprit que les publications à l'usage de la jeunesse font l'objet d'une réglementation assez stricte et qu'il est également question de réglementer la collecte d'informations auprès des internautes mineurs.

Attention !

Dès que vous commencez à collecter des informations sur des personnes par le biais d'Internet, vous devez :
- soit les détruire après usage ;
- soit, si vous désirez conserver ces données, en déclarer le fichier à la CNIL (Commission nationale informatique et liberté, **www.cnil.fr**) ;
- indiquer clairement à l'internaute quel usage peut être fait de ces données.

Si vous êtes en développement, il est important de proposer aussi sur ce site vitrine une rubrique spécifique réservée à la franchise. Elle devra toutefois obéir aux mêmes exigences de transparence et d'honnêteté que les informations que vous rendez publiques par ailleurs : chiffres exacts, présentation claire du réseau de franchise, définition précise des profils de franchisés que vous recherchez… Vous pouvez bien sûr agrémenter cette rubrique d'un questionnaire en ligne, que l'internaute intéressé aura la possibilité de vous renvoyer immédiatement.

4. QUELQUES EXEMPLES DE DÉVELOPPEMENT

Tous les réseaux de franchise se sont aujourd'hui dotés d'au moins un site par le biais duquel ils peuvent :
- présenter leur enseigne, leurs produits et leurs services, leur réseau de magasins (avec parfois un lien direct ou une possi-

8

bilité d'appel ou de prise de rendez-vous, innovations à introduire en accord avec le réseau franchisé);
- recruter des candidats à la franchise;
- alimenter la presse en photos, communiqués et dossiers à télécharger;
- communiquer sur des parties sécurisées du site avec leurs franchisés en mettant notamment à leur disposition tous les éléments du manuel opératoire, de la communication graphique, des modules de formation, les chiffres hebdomadaires du réseau...;
- mettre à la disposition de leurs franchisés et de leurs magasins en propre des mini-sites clefs en main;
- offrir aux clients de préparer leurs achats par le biais de services en temps réel: repérage (agences immobilières en particulier, magasins d'achat-vente ou de dépôt-vente), réservation (location de véhicule, hôtellerie-restauration, beauté), services de devis (location de véhicules, vacances...), prévisualisation (cuisine, décoration);
- permettre aux clients d'effectuer des achats en ligne, les livraisons étant effectuées soit par la centrale, soit par les magasins, succursales et franchises;
- fournir aux clients un accompagnement ou des conseils en relation avec les produits et les services vendus par l'enseigne;
- fidéliser leurs clients par des concours, des systèmes de petits cadeaux virtuels (*goodies*) ou des bons de réduction, des lettres électroniques avec promotion à l'appui.

Sans nul doute, la vogue des blogs et de l'Internet participatif devrait également faire son apparition dans cet ensemble de pratiques qui visent toutes à créer de l'intérêt et du trafic pour l'enseigne et ses magasins. On traitera à part la question des sites de vente. Par le biais de votre site, vous avez aussi la possibilité de vous lancer dans le commerce électronique, c'est-à-dire la vente en ligne.

Trois cas de figure sont alors envisageables :

- soit vous avez déjà une expérience de la vente à distance par catalogue papier ou par Minitel ;
- soit la chose est entièrement nouvelle pour vous et il faudra la faire accepter à certains de vos franchisés qui peuvent se méfier de cette concurrence ;
- soit, enfin, vous lancez simultanément votre réseau de franchise et votre site de commerce électronique.

Un site de vente bien conçu, en relation étroite avec les franchisés, ne peut que renforcer le trafic et l'attractivité de leurs magasins.

Conseil

Mettez des moyens et des équipes professionnelles au service de votre développement Internet

L'achat des noms de domaine, le choix d'un hébergeur, les logiciels utilisés dans la construction du site, les éventuels prestataires extérieurs, le référencement, la mise à jour technique... tous ces éléments représentent un coût non négligeable.

La mise à jour rédactionnelle, le renouvellement des contenus, la mise en œuvre réelle des services en ligne et des plates-formes de commandes, la formation de vos équipes et de vos franchisés sont également à prendre en compte au regard de la nécessité d'une solide organisation interne et d'une excellente coordination entre les divers prestataires que vous ne manquerez pas de solliciter...

Quel que soit le type de site à lancer, respectez ces trois règles :

- votre site doit être clairement identifié à votre enseigne ;
- il sera réactif et répercutera vos changements d'image, votre actualité – tels les nouveaux produits... mais aussi les nouveaux franchisés ;
- il sera facile d'utilisation et ne pas poser de problèmes techniques (logiciels trop récents, images trop lourdes...).

8

En pratique

Comment faire connaître vos rubriques « contacts » et « recrutement de franchisés » sur Internet ?

- En nommant clairement vos rubriques et en mentionnant le nom de votre enseigne accompagné des mots « franchise » et « franchisés » dans les informations invisibles (meta-tags) de vos pages Internet : cela permet aux moteurs de recherche de repérer et de référencer vos pages. Ainsi, un internaute recherchant « franchisé Monenseigne » trouvera plus facilement les pages du site Monenseigne.
- En n'hésitant pas à vous présenter sur des sites participatifs du type Wikipedia, avec un lien vers votre site officiel, et toujours de façon sobre et objective, car un panégyrique à la gloire de votre enseigne vous vaudrait sans nul doute des corrections et des manipulations dommageables pour votre image ;
- En utilisant les techniques de recherche par mots clefs payants proposés par des moteurs de recherche du type Google ;
- En optant pour une présence payante sur Internet : bandeaux sur les portails, les sites de recrutement ou les sites spécialisés en franchise, mention de votre site de recrutement sur les Pages jaunes et autres annuaires professionnels... Ce n'est plus du référencement mais de la publicité.
- La Fédération française de la franchise propose, pour chacun de ses adhérents, une fiche d'information complète avec un lien renvoyant vers le site de l'enseigne.

5. QUELLE PLACE POUR VOS FRANCHISÉS ?

Plus votre site est riche et offre de services liés à l'enseigne, plus il importe que vos franchisés y trouvent leur place.

C'est dans l'intérêt de l'ensemble du réseau car, si l'utilisation d'Internet fait vraiment partie de votre concept, il faut que vos franchisés l'intègrent dans les meilleures conditions possibles.

À savoir

Qu'est-ce que l'affiliation sur Internet?

Si vous avez un site de commerce électronique (et cela vaut naturellement pour n'importe quelle entreprise), vous pouvez proposer à d'autres sites Internet une affiliation à votre site. L'affiliation se matérialise par la présence du bandeau de votre site de commerce électronique sur le site de l'affilié: si un internaute clique sur ce bandeau et effectue une transaction sur votre site, l'affilié reçoit une commission sur la transaction.

Attention: ne confondez pas contrat de franchise et contrat d'affiliation... Cela n'a vraiment rien à voir!

En pratique

Voici les points essentiels, non exhaustifs, du descriptif de site à fournir dans votre contrat et votre manuel opératoire, et que votre franchisé devra respecter:

- le nom du site;
- les mentions obligatoires, telles que les coordonnées du franchiseur, celles du franchisé, le lien avec le site du franchiseur;
- la charte graphique;
- l'utilisation des données relatives aux internautes;
- le traitement des demandes de renseignements et des transactions effectuées par les internautes (temps de réponse, délais d'expédition...);
- les liens, les publicités et les affiliations;
- les services exclusifs proposés par le réseau, comme les réservations, les petites annonces, les devis, etc.;
- la structure du service de commerce électronique.

Vis-à-vis de vos franchisés, quelques règles essentielles seront suivies:

- faites figurer la liste à jour de vos points de vente et distinguez les points de vente franchisés des autres;

8

- si vous mettez en place des services complexes, pensez à les former à ces nouveautés;
- faites-les participer, dans la mesure du possible, quand vous élaborez vos services de devis, de réservation, de recherche et de commerce électronique, puisqu'ils en seront très fréquemment les relais et les agents promotionnels;
- associez-les au fonctionnement quotidien du site; ils peuvent livrer les produits, en être dépositaires (et donc être rémunérés directement sur ces ventes réalisées sur Internet);
- faites figurer les règles d'élaboration et d'utilisation de votre site dans votre contrat et votre manuel opératoire; cela vous permet d'imposer à vos franchisés certaines règles en matière d'utilisation du site de l'enseigne et un descriptif strict quant à la création de sites franchisés, ceci afin de préserver l'identité et la réputation du réseau.

6. INTERNET ET LA FRANCHISE: QUELQUES QUESTIONS JURIDIQUES SPÉCIFIQUES

Depuis quelques années, les juristes s'intéressent à l'arrivée d'Internet dans les réseaux de franchise. Compte tenu de la spécificité de la relation et du contrat de franchise, un certain nombre de problèmes peuvent encore se poser, pour lesquels les tribunaux n'ont pas toujours de solutions uniques...

Voici certaines de ces questions et quelques éléments de réponse.

- **Pouvez-vous imposer à vos franchisés un descriptif pour les sites qu'ils pourraient créer?**

Oui, car l'activité sur Internet fait partie de votre image, et les franchisés se doivent de la respecter.

- **Pouvez-vous faire figurer des dispositions Internet dans votre contrat de franchise?**

C'est en effet conseillé. Vous pouvez notamment, concernant vos franchisés:

- supprimer ou modifier leurs clauses d'exclusivité territoriale (si votre site est dédié au commerce électronique). Attention ! Avec les franchisés en place, cette modification ou cette suppression doit être impérativement négociée et ne pourra s'effectuer sans l'accord du franchisé ;
- préciser le champ d'utilisation de la marque et/ou de l'enseigne dans leur nom de domaine ;
- leur imposer d'utiliser votre charte graphique Internet s'ils souhaitent créer leur site franchisé (sans toutefois pouvoir leur imposer de prestataire) ;
- leur préciser votre cahier des charges quant à la publicité, aux liens et aux affiliations diverses des sites, tous éléments qui devront respecter l'image de l'enseigne.

Prenons un exemple concret. Vous possédez un réseau de franchise hôtelière et un site d'enseigne. L'un de vos franchisés crée son propre site et accepte qu'y figure la publicité ou la mention d'une enseigne de location de véhicules.

Vous ne pouvez pas interdire à votre franchisé le partenariat avec une enseigne ou un fournisseur donné, mais pouvez lui imposer de respecter le cahier des charges que vous avez prévu à cet égard – lequel précise, par exemple, que votre franchisé peut s'associer avec des enseignes de location de véhicules haut de gamme ou des enseignes de fleuristes, mais surtout pas avec des enseignes de restauration rapide…

- **Pouvez-vous interdire à vos franchisés de vendre sur Internet ?**

Le droit français ne répond pas à cette question ; le droit européen cependant détermine les lignes suivantes : votre franchisé peut vendre sur Internet, dans les règles que vous pouvez lui imposer, sauf s'il utilise des techniques de vente active qui le font empiéter sur les territoires exclusifs des autres franchisés.

8

7. ET DEMAIN ?

Franchiseur, vous vous devez d'être à l'affût de toutes les nouveautés susceptibles de modifier le mode de commercialisation de vos services et de vos produits, et d'accompagner vos franchisés dans les évolutions qu'elles impriment à votre concept. Voici quelques pistes de réflexion :

- l'utilisation d'Internet et du marketing électronique ciblé pour avoir une meilleure connaissance de votre clientèle, dans le respect – naturellement – des lois sur l'utilisation des données personnelles ;
- l'utilisation combinée d'Internet et du téléphone portable pour informer les consommateurs quant aux nouvelles ouvertures dans le réseau, aux opérations de promotion locales ou nationales, à la possibilité de réserver et payer un service ou un produit *via* un portable... ;
- l'utilisation des nouvelles technologies dans vos programmes de formation pour la formation à distance de vos franchisés par Internet ou sur CD-Rom et celle relative aux nouvelles technologies ;
- le développement de l'image de synthèse et des techniques de visualisation virtuelles, par le moyen desquelles vous disposez d'un espace d'exposition constant de votre concept, en attendant les « visites accompagnées à distance » de vos points de vente et les premiers entretiens de recrutement par Internet... Si ces techniques ne peuvent pas complètement remplacer le contact direct, elles peuvent s'avérer utiles dans une logique de développement à l'étranger ;
- les techniques de marketing viral, à manier avec précaution et avec des spécialistes : vous faites circuler sur les grands sites participatifs, du type Wikipedia, Daily Motion, YouTube, ou dans la blogosphère (dont les adeptes se comptent aujourd'hui en millions en France), des informations, des histoires, des

vidéos dont le but est de créer un courant de sympathie pour votre enseigne, vos services et vos produits. LaSer (**www.laser-group.eu**) est une ressource précieuse en matière d'innovations dans la relation clients.

Exemples

Cash Express

Cash Express est un réseau d'achat-vente de biens de consommations, qui bénéficie depuis sa création en 2002 d'un contexte favorable : l'acte d'achat-vente n'est plus associé à des retournements de fortune, mais au souhait de nombre de Français d'être équipés des dernières nouveautés. La baisse continue du prix des équipements électroniques et la constante évolution du secteur en sont la cause...

Cash Express achète et vend également des instruments de musique, des bijoux, des objets de décoration, des produits audiovisuels. L'enseigne a testé en 2007 un nouveau service, Drop Express, qui permet aux franchisés d'aider leurs clients à vendre leurs produits sur eBay. Moyennant une commission, le vendeur-assistant prend des photographies professionnelles du bien et le promeut sur eBay, pour le plus grand bénéficie du client.

Du Gers à l'espace

La Comtesse du Barry et ses foies gras existent depuis quelques décennies grâce au talent culinaire de sa fondatrice, Gabrielle Dubarry, et à l'inventivité de ses successeurs.

En 1965, Francis Lacroix, petit-fils de Gabrielle, reprend l'enseigne, qui fait essentiellement de la vente par correspondance. Dès 1974, après une modernisation en douceur (il faut conserver l'excellence du produit !), Francis Lacroix ouvre ses premières boutiques en franchise, partout en France.

L'enseigne sera naturellement l'une des premières à tenter l'aventure du commerce électronique ; ce qui a permis à l'un des astronautes français de la navette Discovery de faire partager quelques produits gersois à ses copilotes américains...

RESTER FRANCHISEUR

9

Contrairement au franchisé, dont l'activité est limitée dans le temps par la durée du contrat, le franchiseur – et au-delà même du franchiseur, le réseau qu'il dirige et l'enseigne – peut poursuivre son activité tant que le contexte économique et la dynamique propre de l'enseigne et du réseau le permettent.

1. L'ÉVOLUTION DU CONCEPT ET DE L'ENSEIGNE

Parmi les réseaux nés dans les années 1960 et 1970, il en reste plus d'une centaine et nombre d'entre eux se développent encore tant en France qu'à l'étranger. C'est le cas, par exemple, de 5àSec, Jean-Louis David, Carlson Wagonlit Voyages, Europcar, Comtesse du Barry, Ibis, La Brioche Dorée, Yves Rocher, Novotel, Phildar... pour n'en citer que quelques-uns. Cela signifie, en général, que ces réseaux ont su évoluer, renouveler leur concept, même si ces changements ont parfois entraîné leur reprise ou leur rachat par des sociétés extérieures, leur passage à un redéveloppement en propre, et des moments de crise ou d'incertitude...

Vous ne pourrez rester franchiseur – ni, sans doute, entrepreneur – si vous ne faites pas évoluer constamment votre concept, quitte, comme cela s'est parfois vu, à changer de nom, voire d'identité profonde.

Exemple

Une Boucherie en Savoie

En 1986, Bernard Baudaire tenait une crêperie en Savoie. Un restaurant voisin lui donne une brillante idée : créer une enseigne de restauration où l'on sert de la bonne viande dans un décor qui rappelle la boucherie de quartier.

Avec son associé Jacques Salmon, boucher de métier, Bernard Baudaire lance ses premières Boucheries, à partir d'une structure très légère... mais qui s'est étoffée depuis (trente personnes travaillent au siège), à l'image du réseau, riche de plus de quatre-vingts restaurants, dont un en Thaïlande... et un en Moldavie.

Détail de poids : La Boucherie a lancé sa propre école de formation, qui apprend le métier de la restauration aux futurs personnels des établissements et développe aujourd'hui un autre concept de restauration, Coba Lodge (cuisine du monde).

Ainsi l'enseigne de prêt-à-porter Camaïeu s'est-elle tout d'abord diversifiée en homme, femme et enfant, pour ensuite rebaptiser sa variante homme en Jules et sa variante enfants en Okaïdi.

Autre classique de la transformation d'enseigne, le chocolatier Jeff de Bruges. L'enseigne a connu un développement continu depuis sa création en 1986. Au début des années 2000, elle a cependant commencé à se poser des questions d'image. Une réflexion approfondie avec un cabinet spécialisé en identité de marque lui a permis de se construire une nouvelle image, en brun chocolat et bleu vif, plus haut de gamme, plus proche du produit – « Naturellement chocolat » – et mieux à même de séduire une clientèle plus jeune, pour des achats d'impulsion : glaces, petites plaquettes de chocolat, qui magnifient et déculpabilisent (s'il en était encore besoin) les produits. Jeff de Bruges ne rompt pas pour autant avec la tradition ; il a racheté en 1997 la marque de dragées Martial (depuis 1934 sur les Champs Élysées...). Voilà un changement d'image qui a dyna-

9

misé le réseau, en croissance continue en France (30 ouvertures en 2010) et à l'étranger.

Ces transformations relèvent évidemment d'une stratégie mûrement réfléchie avec l'ensemble de l'entreprise (les modifications s'appliquant aux succursales comme aux franchises) et le concours, la plupart du temps, d'intervenants extérieurs: experts en marketing, agences de communication, graphistes, architectes... Le coût peut être conséquent, tant pour l'enseigne que pour les franchisés qui l'adopteront dans les mois qui suivent, mais cet investissement fait partie des dépenses nécessaires à la vie d'un réseau et doit être prévu au contrat – encore faut-il que ce soit compatible avec le compte d'exploitation.

L'identité visuelle n'est pas la seule clef de ce changement. Sa modification s'accompagne en général d'une remise à jour du concept commercial, du savoir-faire, du contrat si nécessaire, des manuels opératoires et, parfois, d'une diversification de l'activité, de la clientèle et de la forme du concept. Par exemple, une enseigne de chaussures se met à vendre des sacs; une enseigne de prêt-à-porter pour enfants se met à développer une offre pour adolescentes, puis pour jeunes femmes; une enseigne de prêt-à-porter féminin développe une activité lingerie; un cuisiniste développe des «mini-concepts» et des «maxi-concepts»; une enseigne dans l'alimentaire spécialisée commence à faire de la petite restauration en buffet; une enseigne d'alimentation générale développe un site de commerce électronique et de livraison 24 heures sur 24...

Les cas de figure sont très nombreux, et c'est ainsi que l'enseigne évolue, par paliers progressifs ou par mutations plus rapides. Et il arrive parfois que cette évolution donne naissance à une nouvelle enseigne, qui se développera, en franchise ou en propre, avec une indépendance grandissante, pour connaître à son tour les nécessités de l'évolution.

La deuxième (ou troisième enseigne) permet en général de séduire un nouveau public et de consolider les acquis des premières enseignes. Elle peut permettre aux franchisés de diversifier leur approche du marché local, et au franchiseur de se développer sur des territoires nouveaux. Maisons Mikit a ainsi développé MIPA, une enseigne de construction de maisons finies en locatif, destinée à des franchisés en solo. Guy Hoquet l'Immobilier a lui développé Elyse Avenue, une agence immobilière ciblant spécifiquement la clientèle féminine. Le groupe Accor redéveloppe All Seasons, une enseigne d'hôtellerie non standardisée de centre-ville. Déménageurs Bretons a lui lancé demenagerseul.com, qui, comme son nom l'indique, est destiné à ceux qui veulent organiser eux-mêmes leur déménagement. Enfin, la Boucherie a diversifié son offre de restauration à thème avec Coba Lodge…

2. LES RACHATS ET FUSIONS

La vie des réseaux de franchise est parfois soumise à d'autres aléas.

Il y a parfois de la start-up dans certains réseaux de franchise. Après un développement en trombe, la société créatrice d'un réseau de franchise peut connaître des problèmes de financement de l'accroissement, crise de croissance qui se résout parfois par le rachat de la société et du réseau par un investisseur désireux d'acquérir une activité dans le secteur. Parfois, c'est le franchiseur qui souhaite s'adresser à un groupe puissant: ainsi Guy Hocquet l'Immobilier avec Nexity, l'un des premiers promoteurs français.

À l'autre bout du spectre, rachats et fusions sont fréquents dans des secteurs tels que l'hôtellerie, la grande distribution et le prêt-à-porter. Ainsi, en 2000, les magasins en franchise sous enseigne Continent ont-ils été rachetés par le groupe Carrefour et sont pour la plupart passés, toujours en franchise, sous enseigne Carrefour. Même chose concernant les supermarchés Comod, qui ont également été rachetés par le groupe Carrefour et sont désormais exploités sous enseigne Marché Plus. Ce mouvement s'accompagne dans certains cas de disparitions ou de cessions ultérieures de magasins à d'autres enseignes, de façon à éviter une position dominante du groupe acheteur dans certaines régions de France.

9

Dans le cours de votre activité de franchiseur, il peut arriver que vous soyez confronté à des offres de rachat de votre enseigne ou de prises de participation dans votre capital. Si celles-ci entraînent une modification profonde du savoir-faire, du contrat ainsi que des pratiques commerciales, votre successeur devra nécessairement renégocier l'ensemble des contrats du réseau avec les franchisés, qui sont libres d'accepter ou de refuser ces changements.

L'arrivée d'un fonds d'investissement ou d'un gros actionnaire dans votre capital n'est pas synonyme de bouleversement ou de dépossession. Il est dans l'intérêt de ce partenaire extérieur de vous aider à faire fructifier votre réseau, et non de l'écraser sous les redevances… La présence d'un partenaire financier lourd est aussi un signe de valorisation et une garantie de pérennité vis-à-vis de vos franchisés.

En pratique

Évolution du réseau, ce que doit faire le franchiseur

Dans les cas de rachat du réseau par une entreprise extérieure, de rachat total ou partiel de vos franchisés par vous-même, de changements de dirigeants, comment devrez-vous gérer ces évolutions complexes? Voici quelques principes de base à suivre:

- Pour le franchiseur qui contracte avec une personne, le franchisé, le contrat de franchise est «*intuitu personae*». Et pour le franchisé qui, lui, contracte avec la société qui détient l'enseigne qu'il a choisie, il s'agit d'un contrat «*intuitu societae*».
- Le franchiseur détient en priorité l'information sur sa société et en définit seul la stratégie.
- Il peut céder la marque qui lui appartient. La marque associée au concept constitue l'enseigne, qui lui appartient également. Responsable de la stratégie du réseau, il peut donc céder l'enseigne avec le réseau qui en dépend.
- Le contrat de franchise, qui définit les positionnements stratégiques de l'enseigne, constitue donc une garantie pour le franchisé. La société qui rachète le réseau doit adopter ce positionnement stratégique, renégocier les contrats… ou les voir résiliés à ses torts.

- En cas de modification importante de la structure de l'entreprise franchiseur, il vaut toujours mieux en tenir les franchisés informés...

Concrètement :

- Si vous vendez votre enseigne et votre réseau de franchise, prévenez l'acheteur de la spécificité du réseau. L'acheteur reprend en l'état les contrats et se doit d'assumer le maintien du concept et des services liés aux contrats. De leur côté, les franchisés ne peuvent résilier leur contrat au seul motif que l'actionnaire principal de la société franchiseur a changé.
- Si vous vendez votre réseau à un franchiseur concurrent, celui-ci doit traiter équitablement les franchisés des deux réseaux et s'engager à assurer la pérennité du réseau qu'il vient d'acheter. Les problèmes d'exclusivité territoriale que peut poser ce rachat ne peuvent se régler que par la négociation.
- Si vous rachetez votre réseau de franchise, deux principes sont à suivre : le franchisé qui accepte de vous céder son entreprise doit respecter, pour ce faire, les dispositions du contrat (notamment le droit de préemption, le cas échéant) ; le franchisé qui n'accepte pas de vous céder son entreprise maintient ses relations contractuelles avec vous dans le respect des engagements pris.
- Si vous procédez à d'autres changements profonds – comme un changement d'enseigne, un repositionnement stratégique, un nouveau contrat –, faites-le toujours dans l'intérêt du réseau (cela va de soi) et en négociant avec vos franchisés.

Extrait des Lignes directrices édictées par la FFF sur l'évolution des réseaux, consultables sur le site de la FFF

3. LES INNOVATIONS VENUES DE L'EXTÉRIEUR

Dans l'évolution de votre réseau, entrent également en ligne de compte les changements venus de l'extérieur. Nous avons longuement parlé des nouvelles technologies et notamment d'Internet, mais ce ne sont évidemment pas les seules évolutions technologiques, économiques et politiques qui ont eu lieu ces dernières années.

En vingt ans, la société française a connu, entre autres :

- la généralisation des modes de gestion informatique ;
- la délocalisation d'une partie de ses industries de production, notamment en ce qui concerne le secteur de l'équipement de la personne et de la maison ;
- l'introduction de techniques de marquage et de traçabilité des produits, par le biais notamment du code-barres ;
- l'apparition de la téléphonie mobile ;
- l'évolution des modes de paiement ;
- l'évolution générale des modes de consommation – recul en part de marché de la consommation alimentaire et dans le même temps développement de la consommation liée aux loisirs et au plaisir... ;
- l'application des 35 heures, versant consommateurs... et versant salariés des franchises ;
- l'évolution des techniques de marketing direct, liées ou non aux nouvelles technologies ;
- l'application d'un certain nombre de lois, d'accords et de règlements français et européens sur le commerce, la consommation et la concurrence ;
- l'arrivée de la monnaie unique européenne,
- selon les secteurs, l'apparition et la disparition de produits et de techniques nouvelles qui ont entraîné la création ou la mutation de pans entiers du commerce ; que l'on songe, par exemple, à la transformation de l'industrie du disque qui est passée du vinyle au MP3 en vingt ans, ou à celle de la copie de film où on est passé de la cassette vidéo au DVD en dix ans, mais aussi à l'apparition des jeux vidéos et électroniques...
- l'apparition de modes de consommation écoresponsables.

Franchiseur – donc inventeur d'un concept commercial – ou repreneur de ce concept, vous vous devez, dans l'intérêt de votre réseau, d'anticiper constamment pour être en phase avec les évolutions techniques et économiques afin de les intégrer, autant que faire se peut, dans vos pratiques.

Conseil

Dans votre activité de franchiseur, sachez vous ménager des plages de «remise à niveau». La fédération professionnelle et la presse spécialisée de votre secteur, mais aussi la Fédération française de la franchise qui organise de nombreux séminaires pour les professionnels des réseaux.

Un franchiseur du domaine de la photo peut s'ouvrir à la téléphonie, un fleuriste ou un chocolatier s'intéresser à l'Internet marchand. À l'identique, un loueur de voitures ne pourra que s'intéresser à l'essor du diesel ou des véhicules hybrides, et des systèmes de radioguidage, pour les mêmes raisons... Et ces deux franchiseurs peuvent tout aussi bien, avec profit, s'intéresser aux techniques de marketing direct qui sont liées à la téléphonie mobile.

4. SAVOIR SE RESSOURCER

Il en va d'un réseau comme d'un organisme vivant: pour rester jeune, il doit s'adapter à son environnement, continuer à faire de l'exercice et savoir se remettre constamment en question... Outre les évolutions liées au contexte économique et social, aux exigences de la clientèle, au concept et au savoir-faire, dont nous avons déjà parlé, le réseau doit rester constamment en éveil sur l'animation et la circulation de l'information.

En 2006, deux grands réseaux de franchise français, Guy Hoquet l'Immobilier et La mie câline, ont initié une démarche de certification de leur pratique de franchiseur, démarche qui signifie:

- une identification de tous les processus du franchiseur vis-à-vis de ses fournisseurs, de ses magasins en propre, de ses franchisés;
- une identification des indicateurs de réalisation et de réussite de ces processus;

- un audit devant l'organisme de certification de référence;
- et, au bout du compte, l'instauration d'une démarche permanente de contrôle de la qualité du travail du franchiseur.

En pratique

Comment animer un réseau?

Pour qu'un réseau de franchise tienne la route longtemps, il lui faut une bonne structure d'animation. Si votre réseau est encore petit, vous assumerez en général cette fonction d'animation. Ne faites jamais l'économie d'une réunion annuelle, voire semestrielle, avec vos franchisés et soyez disponible lorsqu'ils se posent – et vous posent – des questions.

Si votre réseau est plus conséquent, mettez en place des outils d'animation:

- des structures de dialogue avec vos franchisés, à l'instar de Quick, d'Ibis, de la Comtesse du Barry...;
- des réunions régionales;
- des conventions (il n'est pas mauvais qu'elles se partagent entre séances de travail et activités plus conviviales) et des voyages;
- des lettres et bulletins ouverts aux franchisés pour signaler les initiatives du réseau, les créations, les résultats.

Vous pouvez également:

- vous servir de l'outil intranet pour communiquer avec vos franchisés et organiser, à des dates données, des discussions en direct avec l'un des dirigeants de votre enseigne ou une personnalite de la franchise;
- en dehors de l'activité qui est le cœur de votre franchise, faire participer les franchisés de votre réseau à un mécénat ou à un partenariat (engagement de l'enseigne dans un événement sportif, culturel ou humanitaire), ou encore à une action que vous avez initiée.

Comme le dit l'un des pilotes de la démarche chez La mie câline: « Le but n'est pas de réapprendre notre métier de franchiseur, mais de faire encore mieux... On s'analyse, on s'organise, on se dépasse en s'imposant une norme... et on essaie de rester au niveau d'une barre qui ne cesse pas de monter. »

La certification est un cercle vertueux: elle prend de la valeur aux yeux des franchisés et, comme elle est régulièrement soumise à audit, elle oblige le franchiseur à toujours bien faire son travail de franchiseur... Elle est également, pour les équipes du franchiseur, une source constante de motivation.

5. LES CONFLITS AVEC LES FRANCHISÉS ET LA GESTION DES MOMENTS DE CRISE

L'histoire de votre réseau de franchise peut être également faite de moments de crise. Même si vous êtes un franchiseur respectueux du code de déontologie et même si vous essayez d'être le plus transparent possible dans vos relations avec votre réseau, vous parviendrez difficilement au « zéro conflit ».

Les relations dans un réseau de franchise – au-delà de ce que dit le droit – sont des relations d'individu à individu, avec toute la fragilité psychologique que ce constat peut recouvrir.

Le franchiseur contracte non seulement avec un entrepreneur qui a les moyens, mais aussi avec une personne qui lui plaît et qui lui paraît capable d'exploiter son enseigne, choix éminemment subjectif. De son côté, le franchisé ne contracte qu'avec une société qui se développe en franchise, et pas avec les dirigeants ou les animateurs de cette société; mais comment faire abstraction de leurs compétences, de leur pouvoir de séduction, de leurs capacités à mener une équipe et de la confiance qu'ils inspirent?

Le franchiseur attend beaucoup de ses franchisés, les franchisés attendent beaucoup de leur franchiseur... et il est rare que ces espérances ne soient pas déçues, ou du moins ébranlées, un jour ou l'autre.

Le conflit peut prendre plusieurs formes et plusieurs réponses peuvent y être apportées.

9

Conflit avec un franchisé isolé

- Votre franchisé ne respecte pas ses engagements contractuels. Votre contrat (se référer au chapitre 4) comprend un certain nombre de clauses que le franchisé, naturellement, s'engage à respecter.
  Dans l'intérêt du réseau, si vous observez un manquement à ce respect, intervenez rapidement: faites une mise en demeure (bien évidemment précédée d'un entretien, d'une demande d'explication orale et d'une solution amiable si possible), si tel n'est pas le cas d'une résiliation expresse, suivant ce que le contrat stipule.
- Votre franchisé vous reproche de ne pas respecter vos engagements contractuels: vous lui avez promis par contrat une formation qui ne vient pas, vous ne lui apportez pas l'assistance nécessaire, vous avez recruté un franchisé dont la zone d'exclusivité empiète sur la sienne, son chiffre d'affaires effectif ne correspond pas au prévisionnel indiqué dans votre documentation…
  Les clauses de résiliation concernent plus souvent les fautes des franchisés que celles des franchiseurs mais votre franchisé, prenant appui sur le contrat, peut cependant en demander la résiliation, voire l'annulation (voir le chapitre 5, p. 89). Il peut aussi vous menacer d'une action en justice. Il est évidemment préférable, si vous êtes en faute, de remédier à cet état de fait le plus rapidement possible; sauf si l'interprétation que votre franchisé fait du contrat n'est pas la bonne… Si le conflit persiste après une première explication, il est conseillé de proposer à ce franchisé une procédure de médiation ou d'arbitrage (voir le chapitre 5, p. 103). Le franchisé peut également proposer cette procédure.

Conflit avec un groupe ou une association de franchisés

Cette situation, complexe, est en général le reflet d'une absence de dialogue sur un ou plusieurs points concernant la vie du réseau.

À savoir

Faire adhérer votre réseau à la FFF

La Fédération française de la franchise, depuis sa création en 1971, défend, promeut et fait connaître la franchise en France, mais aussi la franchise française à l'étranger. Elle regroupe plus de cent cinquante réseaux, couvrant tous les secteurs d'activités et toute la diversité de la franchise – du «petit» réseau de service aux entreprises aux géants de la grande distribution.

Pour adhérer à la FFF, il vous faut... bien sûr être franchiseur et respecter le code européen de déontologie de la franchise. Votre réseau est soumis à un premier examen de la part de la FFF et de ses experts : passage en revue du contrat, du document d'information, entretien avec quelques-uns de vos franchisés. Si tout est conforme, vous passez devant une commission d'admission (composée de membres du conseil d'administration et de permanents de la délégation générale), dont l'avis est soumis, pour finir, à l'ensemble du conseil d'administration de la FFF.

Votre réseau est adhérent à la FFF, il bénéficie de services juridiques et de programmes de formation, d'un service de documentation et de recherche, de publications exclusives... Participant à la vie de la FFF et à ses commissions de travail, votre voix pèse dans l'élaboration de propositions utiles à la franchise, et qui sont exploitées au sein de la FFF ou transmises et négociées auprès des pouvoirs publics...

Pour en savoir plus, contactez la FFF au 01 53752225 ou sur son site **www.franchise-fff.com**.

Les associations de franchisés se constituent soit à votre instigation (voir le chapitre 4, p. 80), soit à la suite d'un problème de gestion du réseau qui touche plusieurs franchisés. Les franchisés, prenant acte d'une convergence de leurs intérêts (qui ne sont plus forcément ceux du réseau à ce moment-là) se regroupent dans une association dont le seul but, en général, est de faire triompher leur point de vue. Le réseau ne gagne rien à ces conflits où chacune des parties campe sans concession sur ses positions.

Vous avez tout intérêt à désamorcer rapidement ces situations potentiellement explosives en agissant constamment dans la transparence, en rencontrant régulièrement les franchisés de votre réseau, en répondant sans retard à leurs interrogations et leurs soucis, en explicitant constamment vos choix et vos options stratégiques.

Vos motivations vous appartiennent, mais vous devez les expliquer et les faire accepter à ceux et celles qui les appliquent au quotidien en organisant en amont le dialogue avec vos franchisés.

6. LES CONFLITS AVEC LES CONSOMMATEURS ET LA GESTION DES CRISES

Toute franchise se construit sur une relation à trois: le franchiseur, le franchisé et le consommateur. Depuis quelques années, ce dernier trouve, dans les préoccupations pratiques et théoriques des réseaux, la place fondamentale qui est la sienne: sans consommateur, pas de commerce ni de franchise.

La franchise, commerce basé sur un savoir-faire fort, fait implicitement aux consommateurs d'une enseigne une promesse que l'on pourrait formuler ainsi: « D'une enseigne donnée, l'on sait exactement ce à quoi s'attendre »

Le consommateur a identifié un savoir-faire et une qualité qu'il espère retrouver dans tous les magasins de l'enseigne, qu'ils soient franchisés ou non. Si qualité et savoir-faire ne sont pas au rendez-vous, quelles peuvent en être les conséquences ? Le consommateur se retournera d'abord contre le franchisé qui pourra, dans certains cas (celui, par exemple, d'un produit défectueux), invoquer la responsabilité du franchiseur. Et si ce franchisé est défaillant, le consommateur se retournera contre vous...

Vous n'êtes certes pas responsable juridiquement, mais vous l'êtes commercialement. Vous êtes propriétaire de l'enseigne et vous avez passé un contrat avec un franchisé dont les pratiques, dans une certaine mesure, s'avèrent nuire à l'intérêt du réseau. Plutôt que de laisser la réclamation du consommateur sans réponse, mieux vaut lui apporter réparation, si le franchisé ne le peut pas, et naturellement remédier à la défaillance de ce franchisé, dommageable pour le réseau porteur de l'enseigne.

Il vous faut par ailleurs tenir compte, mais cela n'est pas spécifique à la franchise, de l'impact que peut avoir sur l'ensemble du réseau la défaillance dommageable et dramatique d'un produit ou d'un distributeur, quelle qu'en soit la nature.

Un pneu qui éclate, une cuisine en délicatesse avec l'hygiène ou, plus généralement, un conflit social ou un événement grave dans un point de vente (destruction, incendie, attentat...) peut – quels qu'en soient les responsables – entraîner une réaction en chaîne de la part des consommateurs. Ces événements doivent donc être traités en urgence et dans la transparence, ainsi qu'avec la collaboration de l'ensemble du réseau. Votre équipe d'animation, vos moyens de communication mais aussi vos franchisés, bien informés, doivent pouvoir faire passer ces messages de temps de crise.

À savoir

Un réseau de franchise peut-il disparaître?

Depuis 2000, se créent environ cent vingt réseaux de franchise par an. Il en disparaît quinze à vingt. Pourquoi?
Voici quelques scénarios:

- Un réseau «ne prend pas». Il représente, sur le papier et dans ses quelques unités pilotes, un bon concept, mais le passage à la franchise ne marche pas. Les moyens mis en œuvre par le franchiseur sont insuffisants, le concept n'attire pas les franchisés, les emplacements sont mal choisis, les franchisés également, l'enseigne est en concurrence avec une autre, plus forte qu'elle...

9

- L'importation est ratée. À l'étranger, la franchise marchant bien, l'enseigne décide de la lancer en France, en général par le biais d'un master franchisé. Le concept ou la stratégie du franchiseur s'avère mal adapté à la France, le master franchisé n'a pas les épaules suffisamment solides ou l'enseigne d'origine ne soutient pas ses efforts d'adaptation...
- Apparaît la concurrence. Le réseau se développe bien puis survient, sur le même secteur, un concurrent plus fort. Si certains réseaux arrivent à rester en place, d'autres sont obligés de se retirer complètement du marché pour se redévelopper ailleurs, ou autrement.
- Intervient un rachat ou une fusion. Le réseau se développe bien et est racheté par un nouvel actionnaire. Il est ensuite intégré au groupe de ce nouvel acteur et disparaît au profit d'une autre enseigne, ou d'une nouvelle enseigne, produit de la fusion.
- Se met en place une « re-succursalisation ». Le réseau est racheté par la société franchiseur, qui a décidé de ne plus se développer en franchise.
- Le réseau disparaît après une crise grave. Il peut ne pas résister à une grave erreur de gestion de ses dirigeants, entraînant dépôt de bilan ou faillite... ou à un conflit avec ses franchisés. Cet événement, qui ne signifie pas nécessairement que l'enseigne n'a aucun potentiel commercial, peut être suivi d'une renaissance d'une partie du réseau, avec un concept ressemblant, mais sous un autre nom.
- L'enseigne vieillit. Rattrapé par le temps et n'ayant fait évoluer ni son concept ni son image, le réseau de franchise ne recrute plus et ne renouvelle pas davantage ses franchisés vieillissants. Il perd peu à peu son avantage concurrentiel et devient confronté tôt ou tard à de graves crises de gestion, qui peuvent aboutir à sa disparition.

L'ESSENTIEL EN 9 ÉTAPES

Pour devenir franchisé…

1 **La recherche** – En consultant la FFF, en vous rendant à Franchise Expo, en interrogeant des franchisés pendant la Semaine des entrepreneurs franchisés (deuxième semaine d'octobre), en consultant la chambre de commerce, en lisant la presse spécialisée, en explorant rues et centres commerçants, vous établissez un premier repérage des réseaux qui vous conviennent.

2 **L'étude préliminaire** – Lorsque votre choix est fait et que vous êtes en pourparlers avec l'enseigne de votre choix, vous procédez de votre côté à une étude de marché concernant le secteur sur lequel vous allez vous installer ; vous préparez un compte d'exploitation prévisionnel et montez un dossier de financement avec un organisme bancaire. Vous constituez éventuellement votre société commerciale.

3 **La phase précontractuelle** – Votre futur franchiseur vous remet, au plus tard vingt jours avant la signature du contrat de franchise ou de réservation, son document d'information précontractuelle et le contrat. Vous les faites expertiser par un juriste et par un expert-comptable, et vous vous informez auprès de quelques franchisés de l'enseigne. Ne payez aucune somme d'argent au franchiseur avant l'expiration de ce délai.

4 **La signature du contrat** – À la signature du contrat, le franchiseur vous remet le manuel opératoire. Vous payez votre droit d'entrée.

5 **L'installation** – Vous signez, si vous n'étiez pas encore locataire ou propriétaire, le bail de votre local commercial. Vous le faites aménager conformément au manuel opératoire de votre franchiseur.

6 **La formation** – Vous suivez, pendant une durée qui peut varier de quelques jours à dix-huit mois, la formation initiale prévue par le contrat.

7 **La préparation à l'ouverture** – La formation et l'aménagement achevés, vous préparez l'ouverture de votre magasin (avec ou sans l'assistance du réseau) en en faisant la promotion auprès de la presse locale, de la clientèle potentielle, des associations de commerçants… Vous suivez le cas échéant une formation au moment de l'ouverture.

8 **L'ouverture et l'exercice de votre activité** – Pendant toute la durée du contrat, respectez votre agenda de franchisé : assistez aux réunions, suivez les formations prévues par votre franchiseur, respectez le calendrier de transmission des informations, les échéances de paiement des redevances.

9 **La planification de la fin du contrat** – Si votre contrat est renouvelable par tacite reconduction et que vous ne souhaitez pas le renouveler, ne laissez pas passer le délai prévu par le contrat et faites part de votre décision à votre franchiseur.

... et pour devenir franchiseur

1 La constitution de votre activité et l'idée de la franchise – Entrepreneur, vous développez une activité sous enseigne qui comprend un ou plusieurs points de vente. Vous faites face à une demande extérieure de reproduction de votre activité ou souhaitez, de vous-même, donner une assise à votre enseigne en la développant par la franchise.

2 La formalisation de votre concept – Vous analysez votre savoir-faire dans le détail, vous en repérez les points originaux, les méthodes, les implications dans divers domaines (architecture du local, produits, nature des services, méthodes de gestion, etc.), en vous inspirant de l'activité de vos points de vente existants.

3 Les démarches essentielles – Si ce n'est déjà fait, vous protégez le nom de votre marque, le savoir-faire et les divers éléments qui s'y rapportent auprès de l'Institut national de la protection industrielle et, le cas échéant, auprès d'autres organismes de protection de la propriété intellectuelle. Vous réservez aussi les noms de domaine Internet pour votre (ou vos) futur(s) site(s) Internet et ceux de vos franchisés. Vous vous assurez de la validité économique de votre concept, pour le franchisé comme pour vous, vous établissez un budget prévisionnel de votre activité de franchiseur, avec l'aide d'un expert-comptable ou de votre département financier. Vous recrutez et formez votre équipe de développement, de formation et d'animation du réseau. Vous définissez une stratégie d'implantation et de développement.

4 La rédaction du contrat, du document d'information contractuelle, du manuel opératoire – Vous rédigez ou faites rédiger, avec l'aide d'experts des domaines concernés (juristes, spécialistes marketing...), votre (ou vos) manuel(s) opératoire(s), votre contrat, votre document d'information précontractuelle, en vous inspirant de votre travail d'analyse préalable.

5 **Les outils de formation et d'information** – Parallèlement, vous mettez au point une communication spécifique franchise. Celle-ci regroupe la communication écrite (plaquettes, dépliants...), celle destinée à d'autres médias (vidéos promotionnelles, messages audio...), mais aussi le site Internet et l'intranet destiné aux franchisés. Vous construisez un programme de formation initiale et continue pour vos franchisés.

6 **Les premiers recrutements** – Par le biais (le cas échéant) d'une campagne de recrutement, vous recrutez vos premiers franchisés, vous les formez et les assistez lors de l'ouverture des magasins.

7 **Le calendrier du réseau** – Pendant tout le temps que dure votre activité de franchiseur, vous veillez au respect des engagements contractuels et des échéances, tant les vôtres que celles de vos franchisés. Vous organisez un dialogue structuré et permanent avec vos franchisés. Vous organisez au moins une fois par an une convention où vous réunissez tous vos franchisés. Vous animez votre réseau.

8 **L'évolution de l'enseigne** – Vous ne laissez pas votre concept vieillir et perdre de sa pertinence ni de son avantage concurrentiel. Vous l'enrichissez, en dialoguant avec vos franchisés et en les tenant informés. Tous les cinq ou six ans, vous changez ou faites évoluer votre identité graphique et architecturale. Vous ne laissez pas les progrès techniques, sociaux et économiques vous distancer.

9 **L'exportation du concept** – Si vous en avez la capacité, vous vous développez en franchise à l'étranger, en prenant soin d'adapter votre enseigne au pays où vous allez l'implanter et en intégrant les conséquences financières et managériales d'un développement hors hexagone.

LEXIQUE

Affiliation – Contrat par lequel une entreprise de commerce de détail s'engage à s'approvisionner auprès d'une centrale d'achat et à en appliquer la politique commerciale.

Animation de réseau – Ensemble de compétences et d'outils mis en place par le franchiseur afin d'organiser la dynamique entre les membres du réseau, de transmettre les évolutions du savoir-faire, de s'assurer de l'application de ce dernier et de veiller à l'homogénéité du réseau.

Animateur – Apporte continuellement une assistance commerciale et/ou technique aux franchisés du réseau, notamment dans le but de les faire progresser commercialement. Il contrôle le respect du concept et la bonne application du savoir-faire. Il est l'interface du dialogue entre le franchiseur et le franchisé. Cette fonction peut être réalisée sur le plan régional ou national selon la taille du réseau.

Approvisionnement quasi exclusif – « *Toute obligation directe ou indirecte imposant à l'acheteur d'acquérir auprès du fournisseur, ou d'une autre entreprise désignée par le fournisseur, plus de 80 % de ses achats annuels en biens ou en services contractuels et en biens et en services substituables sur le marché pertinent, calculés sur la base de la valeur des achats qu'il a effectués au cours de l'année civile précédente.* » (*In* Règlement d'exemption 2790/99, article 1)

Association de franchisés – Regroupement associatif de franchisés d'un même réseau, sous l'impulsion ou non du franchiseur et avec ou non sa participation, pouvant être, plus ou moins largement, associée à la politique du réseau.

Brevet – La franchise repose sur un savoir-faire et non sur un brevet. Cela ne signifie pas qu'il n'existe aucune possibilité de brevet dans la franchise. Si un brevet existe, il ne peut toutefois pas suffire à lui seul : la mise en œuvre du brevet va imposer l'élaboration et la mise en œuvre de tout un savoir-faire. On comprend, dès lors, qu'un concept franchisé est valable quand bien même il n'y aurait pas l'innovation technologique requise en matière de brevet.

Centrale d'achat – Sélectionne les produits pour ses partenaires et effectue ses achats groupés afin d'obtenir des tarifs préférentiels.

Cessation du contrat – Terme désignant la fin de la relation contractuelle entre le franchiseur et le franchisé quel qu'en soit le motif (arrivée du terme, accord des parties, résiliation ou rupture du contrat).

Cession du fonds de commerce – Tout acte constatant une cession entre un cédant et un cessionnaire de fonds de commerce consenti, même sous condition, sous la forme d'un contrat ou d'un apport en société (*cf.* L. 141-1 du Code de commerce).

Chaîne volontaire – Contrat liant un grossiste (ou un groupement de grossistes) à des commerçants détaillants, à l'initiative du ou des grossistes. La chaîne volontaire apporte aux détaillants des services et conditions d'approvisionnement préférentiels, les détaillants s'engageant à effectuer une certaine quote-part de leurs achats auprès des grossistes de la chaîne.

Code de déontologie – L'une des sources fondamentales du droit de la franchise. La Fédération française de la franchise avait élaboré, à l'origine, un code français de déontologie. Dans le cadre de la constitution du droit européen de la franchise, la Fédération européenne de la franchise, reprenant pour partie les travaux du code français de déontologie, a mis au point le code de déontologie européen, entré en vigueur le 1er janvier 1992. Par « européen », il ne faut pas entendre « Union européenne » : ce sont les fédérations nationales de différents pays européens qui ont choisi d'adhérer ou non au code de déontologie européen. Il n'y a donc pas identité entre la liste des États membres de l'UE et celle des fédérations nationales liées par ce code de déontologie. Tout franchiseur adhérent de l'une des fédérations nationales a ainsi souscrit l'engagement de respecter le code de déontologie européen. Ce code a en outre une importance décisive puisqu'il est considéré comme une source du droit. C'est la raison pour laquelle les tribunaux français s'y réfèrent souvent.

Comité de dialogue franchiseurs-franchisés – Instance de concertation de la FFF réunissant des franchisés et des franchiseurs, qui a vocation à analyser les questions liées à la franchise et, le cas échéant, à formuler des propositions d'évolution.

Commission affiliation – Mode de distribution au titre duquel le commerçant vend des produits en son nom mais pour le compte de son cocontractant, propriétaire des produits.

Concept de franchise – Conjonction originale de trois éléments:

- La propriété ou le droit d'usage de signes de ralliement de la clientèle: marque de fabrique, de commerce ou de services, enseigne, raison sociale, nom commercial, signes et symboles, logos;
- L'usage d'une expérience, d'un savoir-faire;
- Une collection de produits, de services et/ou de technologies brevetés ou non, qu'il a conçue, mise au point, agréée ou acquise (Code de déontologie européen de la franchise, 2003).

Concession – Contrat par lequel un commerçant ou un industriel appelé concédant délivre à un nombre limité de commerçants (appelés concessionnaires) le droit de vendre un ou plusieurs produits. La concession comporte en général la double exclusivité: territoriale et d'approvisionnement.

Consommateur – Individu qui achète pour son usage des produits et services. Acteur le plus important de la franchise, mais aussi le plus difficile à cerner, ses habitudes de consommation, liées à son environnement et à sa culture, diffèrent selon sa situation géographique. Il n'existe pas de consommateur type. L'entreprise a donc besoin de s'adapter localement pour répondre à ses attentes. Le consommateur évolue rapidement et l'entreprise est obligée de suivre ses mutations. Le client est changeant et insaisissable. Depuis quelques années, il consomme de façon moins effrénée mais, surtout, achète mieux et cherche «autre chose» dans la consommation. Mieux informé, plus exigeant dans ses achats, il privilégie les produits basiques pour mieux profiter de ses coups de cœur. Plus sélectif et réfléchi, il détermine ses achats de façon plus raisonnée. Le consommateur des années 2000 achète juste, au juste prix, la juste quantité.

Coopérative – Les coopératives de détaillants sont une forme de groupement de commerçants indépendants. Les adhérents de la coopérative ont à la fois un statut de client et d'associé. Tous les associés ont le même droit de vote à l'assemblée générale de la coopérative en vertu de la règle « un homme, une voix ».

Contrat de franchise – Accord par lequel une entreprise, le franchiseur, accorde à une autre, le franchisé, en échange d'une compensation financière directe ou indirecte, le droit d'exploiter une franchise dans le but de commercialiser des types de produits et/ou de services déterminés. Le contrat doit comprendre au moins les obligations suivantes : l'utilisation d'un nom ou d'une enseigne commun(e) et une présentation uniforme des locaux et/ou moyens de transport visés au contrat, la communication par le franchiseur au franchisé de ses savoir-faire et la fourniture continue par le franchiseur au franchisé d'une assistance commerciale ou technique pendant la durée de l'accord [...] (Règlement d'exemption 4087/88, article 1).

Contrat de licence – Contrat par lequel le titulaire d'une marque autorise une autre personne, le licencié, de manière exclusive ou non, à utiliser cette marque moyennant le versement de redevances périodiques (Droit des affaires).

Contrôle par le franchiseur – Droit et devoir du franchiseur de vérifier l'application du savoir-faire afin de permettre l'homogénéité et la conformité des pratiques dans l'ensemble des points de vente du réseau, ceci afin de préserver l'identité et la réputation du réseau, sans porter atteinte à l'indépendance du franchisé.

Directeur de réseau – Il met en œuvre la stratégie, coordonne les services dédiés aux points de vente du réseau. Il assure le développement et l'animation du réseau.

Directeur de la franchise – Il assure les services dédiés aux points de vente franchisés et anime le réseau avec le concours d'animateurs. Il peut être associé à la sélection des franchisés et au développement du réseau.

Directeur de développement – Met en œuvre la stratégie de développement, laquelle peut porter sur la recherche d'emplacements et/ou de nouveaux franchisés. Il coordonne le fonctionnement des services dédiés au développement du réseau.

Directeur de la formation – En charge de la transmission initiale et continue du savoir-faire du franchiseur aux exploitants, il conçoit et fait évoluer les programmes de formation. Il élabore et enrichit continuellement les méthodes et supports pédagogiques, assure une mission transversale auprès des différents services du franchiseur, coordonne les services dédiés à la formation et assure la bonne réalisation des actions de formation de ses formateurs et des intervenants extérieurs.

Droit d'entrée – Droit d'accès à la marque et au savoir-faire et/ou à des prestations (telles la recherche d'un local, la maîtrise d'œuvre…) à l'ouverture, au renouvellement ou à la reprise d'un point de vente, qui donne lieu au versement d'une contrepartie financière.

État du marché – Constat des éléments composant l'environnement économique intéressant l'activité envisagée.

Étude de marché – Analyse dynamique et prospective des composants économiques du marché.

Exclusivité d'activité – Engagement du franchisé à n'exercer que l'activité franchisée, à l'exclusion de toute autre.

Exclusivité territoriale de distribution – Engagement du franchiseur à ne distribuer ou faire distribuer ses produits que par le biais du franchisé bénéficiaire de l'exclusivité sur le territoire déterminé. Cette définition s'applique également à la prestation de service.

Exclusivité territoriale d'implantation – Engagement du franchiseur à n'installer qu'un seul point de vente à l'enseigne sur le territoire concédé au franchisé.

Formation initiale – Droit du franchisé au transfert de savoir-faire du franchiseur, à la souscription du contrat. Ce droit est assorti d'une obligation d'assiduité.

Formation continue – Droit du franchisé au transfert, durant l'exécution du contrat, des évolutions du savoir-faire apportées par le franchiseur et à l'apprentissage continu du savoir-faire initial. Ce droit est assorti d'une obligation d'assiduité.

Franchise – Système contractuel par lequel un franchiseur met à la disposition de franchisés un concept qu'il a mis au point. En échange, il reçoit d'eux une rémunération et l'engagement de respecter le concept, lequel repose sur la propriété de signes (marque, enseigne), la maîtrise d'un savoir-faire et une collection de produits, de services ou de technologies.

Franchise sociétaire – Système de franchise où le franchiseur prend une participation minoritaire dans le capital de la société franchisée.

Franchise corner – Concept de franchise au titre duquel seul « un coin » d'un point de vente est soumis au contrat de franchise. L'activité franchisée est une activité complémentaire de l'exploitant.

Franchise de distribution – Système où le franchisé ne distribue que, ou presque que, les produits sélectionnés par le franchiseur, fabriqués par lui ou par les fournisseurs référencés (Yves Marot, *La Franchise*, LGDJ).

Franchise de service – Système dans lequel l'activité du franchisé a pour objet la fourniture de services au client final (Jean-Marie Leloup, *La Franchise, droit et pratique,* Delmas).

Franchise industrielle ou **franchise de production** – « *Système en vertu duquel le franchisé fabrique lui-même, selon les indications du franchiseur, des produits qu'il vend sous la marque de celui-ci* » (arrêt 28 janvier 1986, CJCE).

Franchisé – Entrepreneur indépendant qui exploite le concept du franchiseur, ses signes de ralliement et son savoir-faire en échange d'une contribution financière, dans le cadre d'un contrat de franchise qui consigne les droits et obligations des parties. Ambassadeur du concept auprès du consommateur, il participe activement à la vie du réseau et peut contribuer à l'évolution du savoir-faire.

Franchiseur – Met au point et exploite un concept qu'il diffuse et développe par le biais d'un réseau de franchisés. Son concept comporte des signes de ralliement de la clientèle, un savoir-faire éprouvé et évolutif, et une assistance technique et commerciale. Responsable de la pérennité de son réseau, le franchiseur en définit la stratégie.

Groupement d'achats de détaillants – Autour d'une centrale d'achat, regroupement de commerçants indépendants, qui s'engagent à suivre une politique d'achats commune, mais ont la possibilité de se retirer du groupement à tout moment.

Honoraires d'assistance – Contreparties financières des services spécifiques demandés par le franchisé à son franchiseur, non comprises dans le droit d'entrée ou la redevance.

Information du consommateur – Obligation du franchisé d'apposer, sur l'ensemble de ses documents commerciaux et promotionnels, une mention relative à sa qualité de commerçant indépendant (arrêté du 21 février 1991 dit Neiertz).

Information précontractuelle – Droit et devoir des parties d'informer de bonne foi l'autre partie, préalablement à leur engagement, d'un ensemble d'éléments en vertu des dispositions générales et spéciales.

Instance de dialogue – Instance de concertation mise en place à l'initiative du franchiseur au sein de son réseau pour favoriser les interactions entre l'ensemble des membres de ce dernier, l'utilisation des compétences propres des franchisés, l'optimisation de l'animation du réseau…

Intuitu personæ – Qualifie un contrat signé par l'une des parties en raison de la personnalité de l'autre partie, personne physique. Si l'autre partie est une personne morale, le contrat est signé *intuitu societæ*, c'est-à-dire en raison de la personnalité du ou des dirigeants de cette personne morale. Les contrats conclus *intuitu personae* sont très fréquents : le contrat de travail et le bail d'habitation, par exemple, en font partie. Par contre, le contrat de vente d'une voiture entre un concessionnaire et un individu n'est pas conclu *intuitu personae*.
En raison du principe d'*intuitu personae*, le contrat de franchise précise que l'entreprise franchisée ne peut céder son contrat de franchise de quelque manière que ce soit.

Location-gérance – Contrat au titre duquel le propriétaire d'un fonds ou l'exploitant d'un fonds de commerce ou d'un établissement artisanal en concède totalement ou partiellement la location à un gérant qui l'exploite à ses risques et périls (L. 144 1 du Code de commerce).

Loi Doubin – Loi instaurant un devoir d'information précontractuelle pour certains types de contrats. Elle définit le minimum d'information et de délai de réflexion dont bénéficie le créancier de l'obligation d'information précontractuelle avant tout engagement ou remise de somme d'argent (L. 330-3 du Code de commerce).

Mandat de gestion – Convention par laquelle un franchisé, pour des raisons diverses, donne mandat à son franchiseur ou à un tiers, de gérer son activité en franchise.

Manuel de procédures – Consignation par écrit et évolutive de l'ensemble des éléments constitutifs du savoir-faire transmis au franchisé.

Master-franchisé (sous-franchiseur) – Remplit, sur un territoire déterminé, une partie des missions d'un franchiseur, missions qui lui sont définies par son franchiseur.

Multifranchise – Système *via* lequel un franchisé crée plusieurs points de vente franchisés du même réseau et donc sous la même enseigne. Ce système existe fréquemment dans l'hôtellerie, la restauration, le pressing, etc. L'expérience établit que l'équilibre des relations, notamment humaines, à l'intérieur du réseau conduit à recommander qu'un franchisé ne dispose pas d'un nombre trop important de points de vente. À ne pas confondre avec *Plurifranchise*.

Nullité du contrat – Sanction consistant en l'anéantissement rétroactif d'un acte juridique, entaché dès sa formation d'un vice de forme ou d'une irrégularité de fond.

Obligations du franchisé – Ensemble des prestations fixées par le contrat dont est débiteur le franchisé

Obligations du franchiseur – Ensemble des prestations fixées par le contrat dont est débiteur le franchiseur envers le franchisé.

Partenariat – Dans ce cas, il n'y a pas de transfert de savoir-faire. Sont uniquement communiquées des connaissances et une expérience. Le management est de type participatif. Cette formule allie une liberté d'exploitation du détaillant à une relation avec l'enseigne plus souple et plus horizontale.

Plurifranchise – Système dans lequel un franchisé exploite des points de vente de franchises différentes, complémentaires ou non. En général, chacun des contrats de franchise exige du franchisé qu'il ne s'investisse pas dans une franchise concurrente. Et si le contrat de franchise est muet à ce propos, à notre sens le franchisé commettrait une faute en omettant ce principe. Certains contrats de franchise peuvent, eux, imposer au franchisé de consacrer tout son temps à l'exploitation du point de vente, ce qui interdit alors au franchisé de s'installer en plurifranchise. À ne pas confondre avec *Multifranchise*.

Publicité locale – Ensemble des opérations de communication et de promotion, initié par le franchisé, sur la marque concédée.

Publicité nationale – Ensemble d'opérations de communication et de promotion relatives à la marque et au réseau, mises en œuvre par le franchiseur sur le territoire national.

Recrutement des franchisés – Processus de sélection du (ou des) franchisé(s).

Redevances – Aussi appelées royalties, elles représentent la rémunération du franchiseur pour ses prestations autres qu'initiales, lesquelles sont rémunérées par le droit d'entrée. Elles correspondent essentiellement aux prestations que le franchiseur assure durant toute la durée de vie du contrat. Parmi les principales prestations, on citera:

- les actions d'animation et de développement du réseau;
- la formation continue des franchisés;
- les missions de contrôle des franchisés;
- l'assistance en matière de gestion et de commercialisation;
- la logistique.

Refus d'agrément – Droit du franchiseur de ne pas retenir ou sélectionner le candidat franchisé ou toute personne que ce dernier envisagerait de se substituer.

Règlement d'exemption – Texte communautaire définissant, d'une manière générale, les conditions d'exemption des pratiques anticoncurrentielles visées dans le traité de l'Union européenne. La conformité à la lettre du règlement conduit à une présomption de licéité des pratiques.

Renouvellement du contrat – Mécanisme juridique permettant la reconduction des relations contractuelles entre les parties au terme du contrat.

Réseau de franchise – Réseau constitué du franchiseur et de l'ensemble des points de vente exploités par des franchisés.

Réseau de franchise mixte – Réseau de franchise comportant des unités en propre et en franchise.

Résiliation de contrat – Action d'anéantir un contrat synallagmatique qui, fondé sur l'interdépendance des obligations résultant de ce type de contrat, consiste à libérer une partie de son obligation (et à lui permettre d'exiger la restitution de ce qu'elle a déjà fourni), lorsque l'obligation de l'autre ne peut être exécutée, soit du fait d'une faute de celle-ci, soit par l'effet d'une cause étrangère (Gérard Cornu, *Vocabulaire juridique*, PUF).

Savoir-faire – «*Ensemble secret, substantiel et identifié d'informations pratiques non brevetées, résultant de l'expérience du fournisseur et tes-*

tées par celui-ci; dans ce contexte, "secret" signifie que le savoir-faire, dans son ensemble ou dans la configuration et l'assemblage précis de ses composants, n'est pas généralement connu ou facilement accessible; "substantiel" signifie que le savoir-faire doit inclure des informations indispensables pour l'acheteur aux fins de l'utilisation, de la vente ou de la revente des biens ou des services contractuels; "identifié" signifie que le savoir-faire doit être décrit d'une façon suffisamment complète pour permettre de vérifier qu'il remplit les conditions de secret et de substantialité. » (Règlement d'exemption 2790/99/CE, article 1.)

Signes distinctifs – Ensemble des droits patrimoniaux, concédés au franchisé, sur les éléments corporels ou incorporels permettant au consommateur de distinguer les produits et services du franchiseur de ceux des entreprises proposant des produits et services concurrents.

Succursales – Unités appartenant au franchiseur et exploitées directement par lui en France ou à l'étranger.

INFOS++

Les textes

• Le Code de déontologie

On y a fait souvent allusion dans ce guide… La première version du code de déontologie date de 1972. C'est un texte de référence pour tous les franchiseurs et tous les franchisés en France et en Europe (le texte est européen, les annexes sont nationales). Les réseaux de franchise adhérents à la Fédération française de la franchise sont tenus de le respecter.

En voici le texte complet. Les numéros entre parenthèses renvoient aux annexes correspondantes.

Code de déontologie européen de la franchise, applicable en France

Préface

Ce Code de déontologie européen de la franchise est la remise à jour du code créé en 1972 par l'European Franchise Federation (EFF).

Chaque fédération ou association nationale de l'EFF a participé à sa rédaction et en assure la promotion, l'interprétation et l'adaptation utiles dans son propre pays.

Ce Code de déontologie se veut être un code des bons usages et de bonne conduite des utilisateurs de la franchise en Europe.

1. Définition de la franchise

La franchise est un système de commercialisation de produits et/ou de services et/ou de technologies, basé sur une collaboration étroite et continue entre des entreprises juridiquement et financièrement distinctes et indépendantes (1)[1], le franchiseur et ses franchisés, dans lequel le franchiseur accorde à ses franchisés le droit, et impose l'obligation d'exploiter une

---

entreprise en conformité avec le concept (2) du franchiseur. Le droit ainsi concédé autorise et oblige le franchisé, en échange d'une contribution financière directe ou indirecte, à utiliser l'enseigne et/ou la marque de produits et/ou de services, le savoir-faire (3), et autres droits de propriété intellectuelle, soutenu par l'apport continu d'assistance commerciale et/ou technique, dans le cadre et pour la durée d'un contrat de franchise écrit, conclu entre les parties à cet effet.

Le savoir-faire est un ensemble d'informations pratiques non brevetées, résultant de l'expérience du franchiseur et testées par celui-ci. Il est secret, substantiel et identifié.

Secret – le fait que le savoir-faire, dans son ensemble ou dans la configuration et l'assemblage précis de ses composants, ne soit pas généralement connu ou facilement accessible : cela n'est pas limité au sens étroit que chaque composant individuel du savoir-faire doive être totalement inconnu ou impossible à obtenir hors des relations avec le franchiseur.

Substantiel – le fait que le savoir-faire doive inclure une information indispensable pour la vente de produits ou la prestation de services aux utilisateurs finaux et notamment pour la présentation des produits pour la vente, la transformation des produits en liaison avec la prestation de services, les relations avec la clientèle, et la gestion administrative et financière. Le savoir-faire doit être utile pour le franchisé en étant susceptible, à la date de conclusion de l'accord, d'améliorer la position concurrentielle du franchisé, en particulier en améliorant ses résultats ou en l'aidant à entrer sur un nouveau marché.

Identifié – le fait que le savoir-faire doive être décrit d'une façon suffisamment complète pour permettre de vérifier qu'il remplit les conditions de secret et de substantialité ; la description du savoir-faire peut être faite dans l'accord de franchise, dans un document séparé ou sous toute autre forme appropriée.

2. Les principes directeurs

2.1. Le franchiseur est l'initiateur d'un « réseau de franchise » constitué du franchiseur et des franchisés et dont il a vocation à assurer la pérennité (4).

2.2. Le franchiseur devra :

a. avoir mis au point et exploité avec succès un concept pendant une période raisonnable et dans au moins une unité pilote avant le lancement du réseau (5) ;

---

1. Pour chaque numéro entre parenthèses et en italique, se reporter aux annexes correspondantes p. 193.

b. être titulaire des droits sur les signes de ralliement de la clientèle : enseigne, marques et autres signes distinctifs (6) (7) ;

c. apporter à ses franchisés une formation initiale et leur apporter continuellement une assistance commerciale et/ou technique pendant toute la durée du contrat.

2.3. Le franchisé devra :

a. consacrer ses meilleurs efforts au développement du réseau de franchise et au maintien de son identité commune et de sa réputation (8) ;

b. fournir au franchiseur les données opérationnelles vérifiables afin de faciliter la détermination des performances et les états financiers requis pour la direction d'une gestion efficace. Le franchisé autorisera le franchiseur et/ou ses délégués à avoir accès à ses locaux et à sa comptabilité à des heures raisonnables ;

c. ne pas divulguer à des tiers le savoir-faire fourni par le franchiseur ni pendant, ni après la fin du contrat (9).

2.4. Les deux parties devront respecter, de manière continue, les obligations suivantes :

a. agir de façon équitable dans leurs relations mutuelles. Le franchiseur avertira le franchisé par écrit de toute infraction au contrat et lui accordera, si justifié, un délai raisonnable pour la réparer ;

b. résoudre leurs griefs et litiges avec loyauté et bonne volonté, par la communication et la négociation directes.

3. Recrutement, publicité et divulgation

3.1. La publicité pour le recrutement de franchisés doit être dépourvue de toute ambiguïté et d'informations trompeuses.

3.2. Tout document publicitaire faisant apparaître directement ou indirectement des résultats financiers prévisionnels du franchisé devra être objectif et vérifiable.

3.3. Afin que le futur franchisé puisse s'engager en toute connaissance de cause, le franchiseur lui fournira une copie du présent Code de déontologie ainsi qu'une information complète et écrite concernant les clauses du contrat de franchise – ceci dans un délai raisonnable avant la signature du contrat (10).

3.4. Lorsque le franchiseur propose la signature d'un contrat de réservation, celui-ci respecte les principes suivants :

a. avant la signature de tout contrat de réservation, le futur franchisé doit se voir remettre les informations écrites quant au contenu de ce contrat ainsi qu'aux dépenses qui en découleront pour le candidat ;

b. si le contrat de franchise est signé, les débours seront remboursés par le franchiseur ou à valoir sur le droit d'entrée s'il y a lieu;
c. la durée du contrat de réservation doit être précisée;
d. une clause de dédit réciproque doit être prévue;
e. le franchiseur peut imposer une clause de non-concurrence et de confidentialité afin d'empêcher le détournement du savoir-faire transmis pendant la durée du contrat de réservation.

4. Sélection des franchisés

Le franchiseur sélectionne et n'accepte que les franchisés qui, d'après une enquête raisonnable, auraient les compétences requises (formation, qualités personnelles, capacités financières) pour l'exploitation de l'entreprise franchisée (11).

5. Le contrat de franchise

5.1 Le contrat de franchise doit être en conformité avec le droit national, le droit communautaire et le Code de déontologie.

Le contrat reflète les intérêts des membres du réseau de franchise, en protégeant les droits de propriété industrielle ou intellectuelle du franchiseur et en maintenant l'identité commune et la réputation du réseau de franchise (12).

Tout contrat et toute convention contractuelle gérant les relations franchiseur – franchisé est rédigé ou traduit par un traducteur assermenté dans la langue officielle du pays dans lequel le franchisé est établi, des copies du contrat signé seront immédiatement remises au franchisé.

5.2. Le contrat de franchise définit sans ambiguïté les obligations et les responsabilités respectives des parties ainsi que toutes autres clauses matérielles de la collaboration.

5.3. Les points essentiels minima du contrat sont les suivants:

- les droits du franchiseur;
- les droits du franchisé;
- les biens et/ou services fournis au franchisé;
- les obligations du franchiseur (13);
- les obligations du franchisé;
- les conditions financières pour le franchisé;
- la durée du contrat, fixée de façon à permettre au franchisé l'amortissement des investissements spécifiques à la franchise;
- les conditions de renouvellement, s'il y a lieu, du contrat (14);

- les conditions dans lesquelles pourront s'opérer la cession ou le transfert des droits découlant du contrat et les conditions de préemption du franchiseur;
- les conditions d'utilisation par le franchisé des signes de ralliement de la clientèle appartenant au franchiseur: enseigne, marque, marque de service, logo et tous signes distinctifs;
- le droit du franchiseur de faire évoluer son concept de franchise;
- les clauses de résiliation du contrat;
- les clauses prévoyant la récupération par le franchiseur de tout élément corporel ou incorporel lui appartenant en cas de cessation du contrat avant l'échéance prévue (15).

6. Master franchise

Ce Code de déontologie ne s'applique pas aux relations entre le franchiseur et son master franchisé. En revanche, il s'applique aux relations entre le master franchisé et ses franchisés.

Annexes

(1) Le franchisé est responsable des moyens humains et financiers qu'il engage et responsable, à l'égard des tiers, des actes accomplis dans le cadre de l'exploitation de la franchise. Il a une obligation de collaborer loyalement à la réussite du réseau auquel il a adhéré.

(2) Le concept est la conjonction originale de trois éléments:

- la propriété ou le droit d'usage de signes de ralliement de la clientèle: marque de fabrique de commerce ou de services, enseigne, raison sociale, nom commercial, signes et symboles, logos;
- l'usage d'une expérience, d'un savoir-faire;
- une collection de produits, de services et/ou de technologies brevetées ou non, qu'il a conçue, mise au point, agrée ou acquise.

(3) Le savoir-faire:

Le franchiseur garantit au franchisé la jouissance d'un tel savoir-faire qu'il entretient et développe.

Le franchiseur par une information et une formation adaptées le transmet au franchisé et en contrôle l'application et le respect. Le franchiseur encourage la remontée d'information des franchisés afin d'améliorer le savoir-faire.

Dans les périodes précontractuelle, contractuelle et postcontractuelle, le franchiseur empêche toute utilisation et toute transmission de savoir-faire, en particulier à l'égard de réseaux concurrents, pouvant porter préjudice au réseau de franchise.

(4) Le réseau de franchise est constitué du franchiseur et des franchisés.

Le réseau de franchise, par son organisation et son développement, contribue à améliorer la production et/ou la distribution des produits et/ou services ou à promouvoir le progrès technique et économique tout en réservant aux utilisateurs une partie équitable du profit qui en résulte. Le franchiseur doit favoriser un dialogue permanent et structuré entre son organisation et les franchisés en favorisant des instances de concertation.

Le franchisé doit s'impliquer dans la vie du réseau et contribuer à l'intérêt général du réseau.

La marque du franchiseur, symbole de l'identité et de la réputation du réseau, constitue la garantie de la qualité du service rendu au consommateur.

Cette garantie est assurée par la transmission et le contrôle du respect d'un savoir-faire et la mise à disposition d'une gamme homogène de produits et/ou de services et/ou de technologies.

Le franchiseur s'assure que le franchisé, par une signalisation adéquate, fait connaître sa nature d'entrepreneur juridiquement indépendant.

(5) Il appartiendra au franchiseur de consacrer à la promotion de sa marque, à la recherche et à l'innovation, les moyens humains et financiers permettant d'assurer le développement et la pérennité de son concept.

(6) Les droits sur les signes de ralliement doivent être d'une durée au moins égale à la durée du contrat.

(7) L'image de marque.

Le franchiseur garantit au franchisé la jouissance de signes de ralliement de la clientèle mis à sa disposition. Il doit notamment lui garantir la validité de ses droits sur la ou les marques dont l'usage est conféré à quelque titre que ce soit, au franchisé. Le franchiseur entretient et développe l'image de marque.

Le franchiseur veille au respect par le franchisé des prescriptions d'utilisation de la marque et des autres signes de ralliement mis contractuellement à sa disposition.

À l'issue du contrat, le franchiseur s'assurera de la non-utilisation des signes de ralliement de la clientèle par l'ancien franchisé.

En cas d'exclusivité de l'utilisation de la marque sur un territoire donné, le franchiseur en précise les modalités : objet, portée.

Le franchiseur s'assure par tout moyen que la collection de produits et/ou de services et/ou de technologies offerte au consommateur est bien conforme à l'image de marque et ce au moyen d'une clause d'achats exclusifs pour les systèmes qui le justifieraient et en particulier lorsque les produits portent la marque du franchiseur.

(8) Le franchisé doit, quelles que soient les circonstances, agir loyalement à l'égard de tout franchisé du réseau ainsi qu'à l'égard du réseau lui-même. Le franchisé est responsable avec le franchiseur de la force du réseau.

(9) À cet égard, le contrat pourra prévoir une clause de non-concurrence en cours ou en fin de contrat dont la durée, la portée et l'objet sont déterminés pour tenir compte de l'intérêt du réseau.

(10) Le futur franchisé en possession des informations prévues par l'article premier de la loi du 31 décembre 1989 et par son décret d'application, a la responsabilité de les analyser précisément afin d'intégrer ces éléments dans son projet d'entreprise dont il est pleinement responsable.

(11) Le futur franchisé se doit d'être loyal quant aux informations qu'il fournit au franchiseur sur son expérience, ses capacités financières, sa formation, en vue d'être sélectionné.

(12) Les relations contractuelles:

Le franchiseur et les franchisés savent qu'ils collaborent dans un système où leurs intérêts sont liés, tant à court qu'à terme plus long.

La souplesse du système et le sens des responsabilités de chacun ont fait le succès de la franchise.

Les relations entre les partenaires doivent donc permettre de suivre les évolutions nécessaires à améliorer le fonctionnement du réseau de franchise et la satisfaction du consommateur.

Le franchiseur établit le contrat écrit qui énonce de façon complète et précise les droits, obligations et responsabilités des parties.

Le contrat doit traduire la stratégie du réseau de franchise. Il comporte l'indication des moyens nécessaires pour atteindre la réalisation du concept de franchise.

Le contrat n'impose pas aux parties intéressées de restrictions qui ne soient pas nécessaires pour atteindre les objectifs.

L'équilibre du contrat est apprécié d'une façon globale en fonction de l'intérêt du réseau de franchise.

Le cadre contractuel permet l'expression d'un dialogue permanent et favorise les solutions de conciliation.

(13) En qualité de responsable de l'identité et de la réputation du réseau, le franchiseur s'efforce, en proportion de ses moyens et des buts recherchés, de:

a. Définir des normes de qualité et veiller ou faire veiller à leur respect par les franchisés vis-à-vis du consommateur.
b. Maintenir le franchisé informé de l'existence de sa responsabilité, spécifique à la franchise, à l'égard du consommateur, en qualité de commerçant indépendant.
c. Dans les cas où l'activité du réseau de franchise nécessite un paiement d'avance total ou partiel par le consommateur, d'attirer l'attention du franchisé sur la nécessité de garantir le consommateur, soit par sa solvabilité propre, soit par une assurance, une garantie bancaire ou tout autre moyen.

(14) Le franchiseur informe le franchisé avec un préavis suffisant de son intention de ne pas renouveler l'ancien contrat arrivé à son terme ou de ne pas signer un nouveau contrat.

(15) Le franchiseur, ayant indiqué dans le contrat les conditions de reprise et/ou d'utilisation des matériels spécifiques à la franchise, ne recherche pas, par ces conditions, à pénaliser l'ancien franchisé, mais à protéger l'identité et la réputation du réseau de franchise.

- **L'arrêté du 21 février 1991 (dit Neiertz)**

Ce texte concerne l'information du consommateur dans le secteur de la franchise: le franchisé doit informer le consommateur de sa qualité d'entreprise indépendante, sur l'ensemble des documents d'information, notamment de nature publicitaire, ainsi qu'à l'intérieur et à l'extérieur du lieu de vente.

Extrait de l'arrêté

Article premier

Toute personne vendant des produits ou fournissant des services, liée par un accord de franchise à un franchiseur, doit informer le consommateur de sa qualité d'entreprise indépendante, de manière lisible et visible, sur l'ensemble des documents d'information, notamment de nature publicitaire, ainsi qu'à l'intérieur et à l'extérieur du lieu de vente.

Article 2

Ces dispositions seront applicables six mois après la publication du présent arrêté au journal officiel de la république française.

- **Le règlement d'exemption concernant les restrictions verticales du 20 avril 2010 (330/2010)**

Le règlement d'exemption permet aux réseaux de franchises qui respectent un certain nombre de règles de ne pas tomber sous le coup des textes de loi sur la libre concurrence. L'application stricte de ces textes interdirait en pratique aux enseignes de se développer en franchise ou sous d'autres formes de commerce associé. Vous trouverez le texte complet du règlement sur le site de la FFF, **www.franchise-fff.com**.

Les ressources utiles

- **Sur la franchise en général**

La Fédération française de la franchise (FFF)
9, rue Alfred de Vigny – 75008 Paris
Tél. : 01 53 75 22 25, Fax : 01 53 75 22 20
Mail : **info@franchise-fff.com**
Internet : **www.franchise-fff.com**

Ressources : centre de documentation, renseignements par téléphone, stages de formation futurs franchisés et futurs franchiseurs (voir aussi p. 201 pour une présentation plus complète de la FFF).

À savoir : dans presque tous les pays où la franchise est active, il existe une fédération ou une association de franchise dont les buts et les moyens sont largement similaires à ceux de la FFF. Vous trouverez leurs coordonnées sur le site de la FFF.

La chambre de commerce et d'industrie (CCI) de votre département ou de votre région est en mesure de vous renseigner sur la franchise et le commerce associé, de même que les délégations régionales et départementales de l'Agence pour la création d'entreprises (APCE). Soyez à l'affût des forums de la franchise que les CCI organisent régulièrement avec la FFF... Vous trouverez les coordonnées des CCI sur le site de l'Assemblée des chambres françaises de commerce et d'industrie à **www.acfci.fr**. Concernant les coordonnées de l'APCE (Agence nationale pour la création d'entreprises) et d'OSEO-ANVAR, rendez-vous sur les sites **www.apce.org** et **www.oseo.fr**.

À savoir : il existe à l'étranger des chambres françaises de commerce et d'industrie, ainsi que des missions économiques de la France à l'étranger. Ces structures sont également à même de vous conseiller dans une démarche franchise. Vous trouverez toutes les ressources produites par UbiFrance et les missions économiques sur **www.ubifrance.fr**.

L'IUP de Colmar forme des étudiants et des professionnels à la conception, au pilotage et à la gestion des réseaux complexes que sont les réseaux de franchise. Il dispense une maîtrise Management des réseaux et un Master II Management de la franchise. Ses coordonnées sont les suivantes :

Institut universitaire professionnalisé de Colmar
32, rue du Grillenbreit B568 – 68008 Colmar CEDEX
Tél.: 0389206550 – Fax: 0389206556

Tous les ans, **Franchise Expo Paris** vous permet de rencontrer plus de 400 exposants durant quatre jours, de participer à des conférences, d'avoir des entretiens préparatoires avec des franchiseurs (ou des franchisés, si vous êtes exposant!), de nouer des contacts avec des experts, de trouver un local ou un financement. La manifestation se déroule en mars, au Parc des Expositions de Paris (Porte de Versailles); les informations sont disponibles à la FFF et sur le site de Franchise Expo: **www.franchiseparis.com**. Pendant méditerranéen de ce salon, Top Franchise Méditerranée présente sur deux journées plus de 100 exposants. Consultez son site **www.topfranchisemed.com**.
À noter: il existe dans le monde trois ou quatre salons par mois, dans tous les pays qui s'intéressent à la franchise. Ils s'avèrent très utiles pour les futurs franchisés qui souhaitent tenter leur chance à l'étranger, mais aussi pour les franchiseurs qui veulent exporter leur enseigne. Retrouvez leurs dates et leurs coordonnées sur le site de la FFF, **www.franchise-fff.com**.

• Sur les aspects juridiques et techniques de la franchise

Si vous êtes dans l'un de ces cas:

- vous êtes futur franchisé et souhaitez faire expertiser le contrat et le document d'information précontractuelle que votre futur franchiseur vous a remis;
- vous êtes futur franchiseur et vous vous posez des questions sur la reproductibilité de votre savoir-faire, sa formalisation, les bénéfices réels que vous pouvez en tirer;
- vous êtes franchisé ou franchiseur et vous souhaitez prévenir ou régler un conflit, une mésentente;

la Fédération française de la franchise a constitué depuis plus de vingt ans un Collège FFF d'experts dans tous les domaines spécifiques à la franchise: questions juridiques, création et développement d'un réseau, recrutement des franchisés, communication, gestion informatique, expertise comptable, exportation des concepts. Vous pouvez avoir recours à ces experts (coordonnées disponibles à la FFF et sur le site **www.franchise-fff.com**), tous spécialistes de la franchise.

• Sur la formation

Si vous êtes futur franchisé ou futur franchiseur, la FFF organise des stages d'une journée sur l'un ou l'autre de ces parcours (informations à la FFF ou sur **www.franchise-fff.com**). Si vous souhaitez vous former aux techniques d'animation ou de développement d'un réseau de franchise pour travailler auprès d'une enseigne ou développer ultérieurement votre propre réseau, la FFF a créé des cycles de formation spécifiques dans le cadre de son Académie de la franchise (informations sur **www.franchise-fff.com**).

Les bonnes lectures

Quelques ouvrages peuvent vous aider dans vos projets.

- **Annuaires**

Toute la Franchise, le guide annuaire de la FFF, regroupe des textes et des adresses utiles, des fiches détaillées sur les adhérents de la FFF (qui sont également disponibles sur **www.franchise-fff.com**) et d'autres plus courtes sur les réseaux de franchise non adhérents. Ce guide paraît tous les ans en février.

L'Annuaire de l'Enseigne, publié par les Éditions de l'Enseigne, recense toutes les enseignes ayant des points de vente en France... ce qui exclut tous les réseaux de franchise qui ne fonctionnent pas à partir d'un local commercial.

- **Guides pratiques**

Guide pratique de la franchise 4e édition de Gilles Thiriez et Jean-Pierre Pamier, Éditions d'organisation, 2003.

La Franchise: les mots du pro, d'Yves Marot, Gualino, 2000.

Franchise, le guide complet, L'Express, édition actualisée chaque année.

Réussir en toute franchise, Louis Le Duff, Albin Michel, 2006.

- **Références juridiques**

Le Droit de la franchise, d'Hubert Bensoussan, Apogée, 1997.

La Franchise, droit et pratique, de Jean-Marie Leloup, Dalloz, 2004, 4e éd.

La franchise, guide juridique, conseils pratiques de Dominique Baschet, Gualino, 2005.

Et pour ceux que les théories socio-économiques de la franchise intéressentplus particulièrement:

La franchise, recherche et application 3e éd., de Claude Nègre, Vuibert, 2007.

Tous ces ouvrages sont en vente à la FFF.

- **Magazines et revues**

Franchise Magazine et *L'Officiel de la Franchise*, bimestriels disponibles en kiosque, fournissent une information pratique sur les réseaux, des pages juridiques et des conseils pratiques. Ce sont aussi des supports publicitaires très utilisés par les enseignes, et donc un moyen pour les futurs franchisés de repérer les réseaux qui recrutent.

Coordonnées : **www.franchiseline.com** pour l'*Officiel de la Franchise* et **www.franchise-magazine.com** pour *Franchise magazine*.

ICF L'Argus, Bureaux et Commerces (mensuels) marient un contenu rédactionnel de bonne tenue et des annonces « locaux et commerces » en très grand nombre.

Coordonnées: **www.cession-commerce.com** pour *ICF L'Argus*, **www.bureaux-commerces.com** pour *Bureaux e t Commerces*.

Pour ceux qui s'intéressent à un secteur en particulier, la presse sectorielle peut aussi fournir des pistes de réflexion, car elle accorde de plus en plus de place à l'enseigne, au commerce associé et à la franchise. On citera *Le Journal du Textile* (équipement de la personne), Néo Restauration (restauration), *LSA* (distribution).

Coordonnées : **www.journaldutextile.com** pour *Le Journal du Textile* et **www.lsa.fr** pour *LSA*.

Enfin, *Sites commerciaux* traite des nouveautés commerciales, des nouveaux concepts, des centres commerciaux en France et à l'étranger, des progrès de l'Internet commercial...

Coordonnées: *Sites Commerciaux*, 70 boulevard de Magenta, 75010 Paris, Tél. 0140341515.

La franchise sur Internet

Une recherche à partir du mot « Franchise » (associé ou non à d'autres mots clés) vous donnera de très nombreux résultats et sites fort intéressants. Nous vous conseillons de visiter, entre autres :

- Le site de la FFF, **www.franchise-fff.com**, qui donne accès à des renseignements généraux sur la franchise (textes juridiques à télécharger, conseils, adresses utiles), aux fiches complètes de tous les adhérents de la FFF (avec liens vers leur site), et à des adresses utiles (experts, fédérations étrangères, salons internationaux).
- L'Agence nationale pour la création d'entreprises (APCE), **www.apce.fr**.
- Les sites des franchiseurs sont en général rapidement accessibles par une recherche sur le nom de l'enseigne. Nombre d'entre eux propose une rubrique franchise, voire un questionnaire de premier contact.
- Les portails franchise – Ces sites proposent des fils d'information sur les réseaux, quelques conseils et démarches à suivre, mais sont essentielle-

ment axés sur le recrutement de franchisés. De ce fait, ils mettent nécessairement en avant les réseaux qui font appel à leurs services de recruteurs.

www.observatoiredelafranchise.fr est le site de recrutement lié à Franchise Expo Paris et à Top Franchise Méditerranée.

- Le site de Franchise Expo, **www.franchiseparis.com**, donne en permanence des informations sur le salon de la franchise et les enseignes exposantes.
- À l'étranger, les portails, annuaires... sont très nombreux, mais également limités dans leurs recensements.

  Pratiquement toutes les associations ou fédérations de franchise étrangères ont un site, plus ou moins détaillé. Vous pouvez y accéder par le biais du site de la FFF. Ces sites ont au moins quelques pages rédigées en langue anglaise et donnent souvent accès à la liste et aux coordonnées des enseignes adhérentes, ainsi qu'à des ressources d'expertise et des articles spécifiques sur les enseignes...

La Fédération française de la franchise ou FFF

La Fédération française de la franchise compte en son sein plus de 150 réseaux de franchise français et étrangers, actifs en France. Ces réseaux pèsent pour 40 % des franchisés français. Il y avait en France à la fin 2010 1470 réseaux actifs et 56000 franchisés, générant un chiffre d'affaires de plus de 48 milliards d'euros et 350000 emplois. Cela fait de la France le premier pays d'Europe en ce qui concerne le nombre de réseaux de franchise et leur chiffre d'affaires, le deuxième en nombre de franchisés après la Grande-Bretagne.

La stratégie

C'est vraisemblablement grâce au dynamisme de la FFF (créée en 1971) que ce système de développement a connu une telle expansion en France. En effet, représenter, promouvoir, défendre la franchise sont les missions essentielles de la FFF, qui sélectionne ses adhérents avec le plus grand soin et s'assure en permanence de ce qu'ils respectent le Code de déontologie et l'ensemble des engagements qui en découlent vis-à-vis de leurs franchisés.

Tant auprès des chefs d'entreprise que des futurs chefs d'entreprise que sont les franchiseurs et franchisés potentiels, la FFF a eu et continue d'avoir une action d'information et de formation sur la franchise ainsi que sur ses règles de fonctionnement et ses exigences.

Auprès des pouvoirs publics ainsi que des différents partenaires économiques, la FFF continue d'œuvrer pour que la franchise soit prise en compte dans les grandes orientations du commerce national et que, surtout, son expansion soit encouragée et favorisée.

En relation permanente avec les instances européennes et mondiales de la franchise, la Fédération permet un échange d'idées, de techniques et d'opportunités bénéfiques non seulement à la dynamique nationale de la franchise, mais également à l'exportation des enseignes françaises.

Par l'élaboration du Code de déontologie de la franchise en 1972, la FFF a organisé la franchise en France. Sous son impulsion, ce Code est devenu le Code de déontologie européen de la franchise, entré en vigueur le 1er janvier 1991. Ses annexes, spécifiques à la France, sont régulièrement remises à jour et apportent ainsi les précisions jugées nécessaires en France.

Cadre de référence pour les différents acteurs de la franchise, il recherche l'équilibre des droits et des obligations entre les parties et permet ainsi un développement harmonieux des réseaux. À cet égard, la FFF a le souci de faire respecter cette déontologie, mais également de la faire évoluer.

La FFF, en liaison permanente avec ses adhérents, dont elle contribue à diffuser les bonnes pratiques, avec les pouvoirs publics et avec les divers lieux de recherche, d'enseignement et de réflexion, veille à faire évoluer le système de la franchise sous ses aspects communication, multimédia, marketing, juridique, financier, économique, management, dans le but d'assurer la pérennité des réseaux.

La formation

La formation est l'une des clefs de la réussite en franchise. La FFF a mis au point un programme dans le cadre de l'Académie de la franchise qui permet tous les ans à des dizaines de futurs franchiseurs et de futurs franchisés de mieux maîtriser les enjeux de leur choix. C'est aussi l'occasion, pour la FFF et ses adhérents, de faire connaître et de partager les valeurs de transparence, loyauté, équilibre et dialogue au cœur de la franchise.

Pour les futurs franchisés : *Devenir franchisé*, journée de formation avec l'équipe de la FFF et le témoignage de franchiseurs et de franchisés.

Pour les futurs franchiseurs : *Devenir franchiseur*, journée de repérage et d'analyse des projets, avec l'équipe formation de la FFF et le témoignage de franchiseurs et de franchisés.

À l'intention des animateurs, managers et des développeurs de réseaux, existent des séminaires et cycles de formations (calendrier sur **www.franchise-fff.com**).

L'une des particularités de la franchise, c'est bien sûr de permettre à tous les entrepreneurs de toutes les régions de France de pouvoir s'installer à leur compte… La FFF, en collaboration avec les chambres de commerce et d'industrie et les collectivités locales, organise les forums de la franchise.

L'information sur la franchise

La FFF est au cœur du dispositif d'information sur la franchise. Pour informer tous ceux que la franchise concerne, la FFF diffuse *rezo*, un mensuel de 16 pages consacré à la franchise en France et dans le monde. Elle développe également des lettres confidentielles à destination de ses adhérents. Autre indispensable outil d'information, *Toute la franchise*, le guide annuaire de la FFF, présent dans toutes les chambres de commerce et d'industrie ainsi que les chambres de métiers.

www.franchise-fff.com, le site officiel de la fédération, présente plus de 150 pages consacrées à la franchise et des dizaines de documents à télécharger, au nombre desquels les grands textes qui réglementent la pratique de la franchise en France: Code européen de déontologie de la franchise, loi Doubin, règlement d'exemption de 2010. Le site comporte également de nombreux renseignements pratiques, des informations de base sur la pratique de la franchise, les coordonnées des membres experts de la FFF, des fédérations étrangères, l'agenda de la FFF, les formations… et une fiche complète pour chacun des réseaux adhérents à la FFF. Coordonnées, liens Internet, informations sur l'enseigne et le réseau… Un blog (**www.franchise-fff.com/blog**) et un site intranet le complètent utilement.

Le centre de documentation est accessible à tout visiteur du lundi au vendredi, de 9 h à 12 h et de 14 h à 17 h. Le fonds documentaire propose une sélection des meilleurs ouvrages et revues sur la franchise. Sur demande, il est également possible de consulter des études thématiques ou sectorielles, ainsi que des enquêtes et répertoires sur la franchise dans de nombreuses langues, et des dossiers de presse sur plus de 800 réseaux de franchise. Une banque de données documentaire, bibliographique (notamment jurisprudentielle) et statistique complète le dispositif d'information mis à la disposition du public et des adhérents de la FFF.

Le lien avec les pouvoirs publics

La FFF assure l'information permanente des pouvoirs publics nationaux et européens ainsi que des institutions européennes sur l'évolution de la franchise et ses besoins.

Un travail constant en collaboration avec la Commission européenne à Bruxelles, qui a notamment pris en compte les réflexions de la FFF, a donné naissance au 1er règlement d'exemption par catégorie de la franchise (entré en vigueur le 1er février 1989), puis au 2e règlement sur les restrictions verticales (publié le 22 décembre 1999, applicable depuis le 1er juin 2000) et au 3e règlement applicable depuis le 1er juin 2010.

Recherche et formation universitaire

La FFF est en relation permanente avec les grandes universités françaises et les écoles de commerce pour le compte desquelles elle assure une activité d'enseignement. De plus, elle mandate fréquemment des recherches dans les écoles de commerce et les universités. Les étudiants de ces filières contribuent ainsi à l'évolution de la technologie de la franchise en France et en Europe.

Créé en 1996 afin d'apporter aux adhérents de la FFF les outils pouvant contribuer à l'amélioration de leurs performances, le comité scientifique a pour but de proposer et d'encadrer des travaux de recherche sur les divers aspects et les diverses composantes de la franchise. Trois objectifs principaux sous-tendent cette démarche: faciliter une meilleure compréhension de la franchise; améliorer la technique de la franchise, la professionnaliser et la pérenniser; enfin, apporter une dimension prospective indispensable aux décisions stratégiques de chaque réseau. Depuis 1998, la FFF a pu ainsi présenter à ses adhérents des recherches portant sur les réseaux mixtes succursales-franchisés, la notion de savoir-faire, le processus de décision d'achat d'une franchise, la nature de la relation franchiseur-franchisé, la franchise et la culture managériale, les relations conflictuelles caractéristiques des réseaux de franchise, l'optimisation de la pluralité statutaire des réseaux, l'approche prospective de la franchise à l'horizon 2005-2010, les performances économiques d'un réseau de franchise, la transmission des savoir-faire, les facteurs de réactivité de la franchise en contexte de crise. À ces recherches, on ajoutera un ouvrage d'application de ces recherches, *La Franchise, recherches et applications*, remis à jour en 2007.

La résolution des conflits

La FFF est également très active sur le plan juridique. Elle a mis en place deux précieux outils de règlement des conflits en franchise.

Le Comité de médiation de la franchise – Afin d'ouvrir une nouvelle voie de résolution des conflits au sein des réseaux de franchise, la FFF a créé ce Comité, complémentaire des deux voies déjà existantes: la justice d'État et la justice arbitrale. Tous les membres du réseau de franchise (franchiseurs et franchisés) peuvent saisir la chambre de médiation.

Le Comité d'arbitrage – Il permet aux franchiseurs et aux franchisés de régler en amiable compositeur, rapidement et discrètement – grâce à la compétence d'arbitres spécialisés – les litiges pouvant intervenir dans leurs relations.

Le Comité de médiation franchise-consommateur – Il est chargé de traiter les différends opposant les consommateurs à des franchisés ou des franchiseurs.

Les moyens

La FFF s'est dotée, depuis sa création, de moyens de travail performants pour organiser l'expansion de la franchise en France.

Le Bureau directeur – Il est chargé de préparer les décisions du Conseil d'administration et de les mettre en œuvre.

Le Conseil d'administration – Il définit les orientations à suivre pour défendre et développer la franchise française en fonction des grandes options économiques. Il est composé de 19 administrateurs, tous professionnels de la franchise, élus en assemblée générale par les adhérents de la Fédération. À compter de 2008, les franchisés siégeront également au conseil d'administration.

La Délégation générale – Elle assure la direction et la coordination de la FFF, ainsi que le suivi des orientations décidées par le conseil d'administration en organisant les actions au quotidien. Le Délégué général est également en relation constante avec les pouvoirs publics, ainsi qu'avec les instances économiques nationales et internationales. Une liaison permanente est assurée avec les fédérations professionnelles étrangères.

Les Commissions de travail – Elles sont spécialisées et chargées d'étudier et de suivre toutes les questions concernant la franchise. Elles réunissent des franchiseurs et des franchisés des réseaux membres de la FFF, donc des professionnels : groupe de travail « Développeurs et animateurs de réseaux » • groupe de travail franchise/consommateur • commission d'admission • commission déontologie • commission juridique • commission finance • collège des experts • comité scientifique de la franchise • comité de médiation • comité d'arbitrage • comité Salon • comité de dialogue franchiseurs-franchisés • groupe de travail « communication de la FFF » • groupe de travail « franchise et droit social » • groupe de travail « échanges de données dans le réseau ».

Les réunions d'échanges d'expériences, les réunions régionales – Elles abordent des sujets concrets pour permettre aux adhérents de la FFF de se retrouver et de bénéficier d'expériences diverses et pratiques. Elles sont organisées à Paris et en région.

Le Comité de dialogue franchiseurs-franchisés – La FFF est la fédération des réseaux de franchise… Instance active et innovante, ce Comité a pour but de mieux représenter le réseau de franchise par la prise en compte des intérêts réciproques franchisés-franchiseurs et d'associer les franchisés aux efforts de promotion de la franchise et à son évolution. C'est un lieu de réflexion sur les sujets proches des préoccupations des franchisés (évolution de la jurisprudence, médiation, financement, etc.), un lieu de dialogue entre franchiseurs et franchisés dans un esprit constructif. Ce Comité est en outre l'initiateur de plusieurs textes dont le but est de mieux faire connaître et diffuser les bonnes pratiques du réseau.

Le Collège des experts – Pour mieux informer tous ceux qui sont à la recherche de spécialistes (avocats, conseils, prestataires de service…), et dans un souci d'indépendance, la FFF a élaboré une liste de prestataires de service. Parrainés par des franchiseurs adhérents de la FFF, ils constituent une référence en matière de franchise et un gage de qualité.

L'aide à l'export

Ambassadrice de la franchise en France et dans le monde, la FFF prépare un terrain favorable au développement des enseignes, anticipe l'avenir de la franchise, en assure la meilleure promotion, afin d'intervenir partout, à l'échelon régional, national et même international. En 2001-2002, elle a assuré la présidence et le secrétariat du World Franchise Council, dont elle est l'un des membres fondateurs. Ces deux années ont été marquées par l'élaboration de principes de déontologie de la franchise applicables au niveau mondial, par la rédaction du règlement intérieur, par la création de trois vice-présidences: à l'Europe échoit ainsi la vice-présidence juridique, à l'Asie la communication et à la France l'aspect financier.

La franchise se développe de plus en plus sur le plan européen, offrant à certaines enseignes une voie privilégiée de leur stratégie internationale. Cette tendance se vérifie également au-delà de l'Europe, en particulier vers l'Amérique, l'Asie, le Moyen-Orient et l'Afrique du Nord. Un tiers des enseignes françaises s'exporte déjà en franchise: aujourd'hui dans le monde, plus de 8000 magasins ou services franchisés d'origine française sont les relais de notre savoir-faire commercial…

Parce que la Fédération française de la franchise est en relation permanente avec les instances économiques internationales, avec les pouvoirs publics français à l'étranger et avec les fédérations étrangères, elle a mis sur pied des missions export pour répondre à la demande des franchiseurs eux-mêmes et pour aller de l'avant sur les marchés étrangers.

Une banque de données internationales et des dossiers par pays, créés par la FFF et mis à jour régulièrement, permettent aux franchiseurs et investisseurs d'accéder à des informations pratiques et à des contacts utiles.

Franchise Expo Paris

Créé à l'initiative de la FFF, organisé sous son contrôle par la société Reed Exposition France, Franchise Expo Paris, le salon international de la franchise, première manifestation européenne dans le domaine de la franchise, a très certainement favorisé l'éclosion de la franchise en France. Véritable plate-forme de la franchise, il accueille chaque année plus de 30000 visiteurs et 400 exposants, tous offreurs ou demandeurs de contacts, d'informations, de formations, et d'opportunités d'investissements. Les enseignes et les investisseurs étrangers y sont chaque année plus nombreux, favorisant le développement de la franchise française à l'étranger… Top Franchise Méditerranée est son pendant méditerranéen.

Le DIP, document d'information précontractuelle

Voici un modèle de DIP élaboré par la FFF, document que doit remettre le franchiseur à son futur franchisé.

Présentation du franchiseur

Si le franchiseur est une personne physique

Nom Prénoms

Nom commercial

Expérience professionnelle (peut ne porter que sur les cinq dernières années)

Adresse du domicile ou du siège de l'entreprise

Si le franchiseur est une personne morale

Dénomination sociale Forme juridique

Adresse du siège social

Montant du capital social

Nom de l'exploitant, du ou des dirigeants

Expérience professionnelle pour chacun d'eux pour les cinq dernières années

2. Présentation de l'entreprise du franchiseur

2.1. Date de création

2.2. Évolution (sur les cinq dernières années)
Étapes de son évolution:...
Étapes de l'évolution de son réseau d'exploitation:...

2.3. N° d'immatriculation au registre du commerce ou au répertoire des métiers (annexe 1)

2.4. Marque (annexe 2)
N° d'enregistrement date
Nom du déposant

En cas de licence ou d'acquisition à la suite d'une cession

N° d'inscription au registre national des marques Date d'inscription
Durée pour laquelle la licence a été consentie

2.5. Domiciliations bancaires (limitées aux cinq principales). À joindre en annexe 3. Indiquer les noms et adresses de l'établissement bancaire et de l'agence, ainsi que le numéro du compte

2.6. Activités de l'entreprise (en particulier faisant l'objet de la franchise)

3. Présentation du réseau d'exploitation

3.1. Liste des succursales et filiales majoritaires. À joindre en annexe 4.

3.2. Liste des franchisés (y compris filiales minoritaires) comportant pour chacun d'eux l'adresse et la date de conclusion ou de renouvellement du contrat (limitée s'il y a lieu aux cinquante franchisés les plus proches du lieu d'exploitation envisagé). À joindre en annexe 5.

3.3. Liste des autres entreprises faisant partie du réseau en précisant le mode d'exploitation. À joindre en annexe 6.

3.4. Nombre de franchisés avec lesquels les relations contractuelles de même nature ont cessé dans l'année précédant la délivrance du présent document:
Préciser le nombre par motif:

- expiration
- résiliation
- annulation

3.5. Y a-t-il dans la zone de chalandise ou d'exclusivité territoriale de l'implantation prévue, avec l'accord express du franchiseur, d'autres établissements diffusant les mêmes produits ou services sous la marque, le nom commercial ou l'enseigne faisant l'objet du contrat?
❒ Oui ❒ Non

4. Les résultats du franchiseur

4.1. Pour les deux derniers exercices disponibles
Entreprise faisant appel public à l'épargne : fourniture des rapports prévus par l'article 34 de la loi du 24 juillet 1966.
Autres entreprises : fourniture des comptes annuels tels que remis au Greffe du tribunal de commerce. à joindre en annexe 7.

5. Le marché

5.1. Présentation de l'état général du marché des produits ou services faisant l'objet du contrat. Fournie en annexe 8 (préciser les sources et dater les informations).

5.2. Présentation de l'état local du marché des produits ou services faisant l'objet du contrat. Fournie en annexe 9 (préciser les sources et dater les informations).

5.3. Perspectives de développement du marché. Fournies en annexe 10 (préciser les sources et dater les informations).

6. Le contrat (annexe 11)

6.1. Durée du contrat

6.2. Conditions de renouvellement

6.3. Conditions de résiliation

6.4. Conditions de cession

6.5. Le contrat prévoit-il des exclusivités ?

- territoriale
  ❒ Oui ❒ Non   Champ de l'exclusivité :
- d'approvisionnement
  ❒ Oui ❒ Non   Champ de l'exclusivité :
- d'activité professionnelle
  ❒ Oui ❒ Non   Champ de l'exclusivité :

6.6. Le contrat prévoit-il :

- une clause de non-concurrence ?
  ❒ Oui ❒ Non
- une clause de non-affiliation à un réseau concurrent ?
  ❒ Oui ❒ Non

6.7. Autres exclusivités (à préciser)

6.8. Obligations financières du franchisé

6.8.1. Dépenses et investissements spécifiques à l'enseigne ou à la marque avant le démarrage de l'exploitation :

- Droit d'entrée
  ❐ Oui ❐ Non Si oui, montant:
- Aménagement du point de vente
  Nature des aménagementsMontant estiméStock initial
  ❐ Oui ❐ Non Montant estimé:
- Autres (à préciser)

6.8.2. Dépenses et investissements spécifiques à l'enseigne ou à la marque après le démarrage de l'exploitation :

- Redevances directes :
  ❐ Oui ❐ Non
  Si oui : Taux: Assiette ou montant:
- Autres obligations financières
  Pour chacune, nature et assiette :

Annexes

Annexe 1 : Extrait du K-Bis.

Annexe 2 : Justificatif de la date d'enregistrement ou du dernier renouvellement de la marque et du nom du propriétaire.

Annexe 3 : RIB.

Annexe 4 : Liste des succursales et filiales majoritaires.

Annexe 5 : Liste des franchisés comportant pour chacun adresse et date de conclusion ou de renouvellement du contrat.

Annexe 6 : Liste des autres entreprises faisant partie du réseau en précisant le mode d'exploitation.

Annexe 7 : Plaquette d'assemblée générale ou de comptes annuels.

Annexe 8 : Présentation de l'état général du marché des produits ou services faisant l'objet du contrat.

Annexe 9 : Présentation de l'état local du marché.

Annexe 10 : Perspective de développement du marché.

Annexe 11 : Contrat de franchise.

Annexe 12 : Code de déontologie européen de la franchise.

Les associations de franchise dans le monde

- **Associations membres de la Fédération européenne et/ou du World Franchise Council**

EUROPEAN FRANCHISE FEDERATION
Avenue Louise 179
1050 Brussels – Belgique
00 32 2520 1607
00 32 2520 17 35
info@eff-franchise.com

WORLD FRANCHISE COUNCIL

Le World Franchise Council n'a de locaux. Sa gestion est assurée par les associations et fédérations qui le composent.

AFRIQUE DU SUD
Franchise Association of Southern Africa
Posnet 256 – Private Bag X4
2008 Bedfordview – Afrique du Sud
Tél.: 00 (27-11) 615 0359
Fax: 00 (27-11) 615 3679
Site Web: **www.fasa.co.za**

ALLEMAGNE
Deutscher Franchise Verband
Luisentrasse 41
D-10117 Berlin – Allemagne
Tél.: 00 (49) 30278 90 20
Fax: 00 (49) 30278 90215
Site Web: **www.dfv-franchise.de**

ARGENTINE
Asociacion Argentina de Franchising
Av. Libertador 222, 7° A
1001 Buenos Aires – Argentina
Tél.: 00 (54 11) 4394 3318
Fax: 00 (54 11) 4394 8107
Site Web: **www.aafranchising.com**

AUSTRALIE
Franchise Council of Australia
PO Box 2195, Malvern East
Victoria 3145 (Australie)
Tél.: 00 (61) 395095100
Fax: 00 (61) 395095159
Site Web: **www.franchise.org.au**

AUTRICHE
Österreichischer Franchise-Verband
Campus 21, Liebermannstrasse A01503
A-2345 Brunn am Gebirge – Autriche
Tél.: 00 (43) 2236 31 11 88
Fax: 00 (43) 2236 31 13 43
Site Web: **www.franchise.at**

BELGIQUE
Belgische Franchise Federatie
Rue Marianne 34
B-1180 Brussels – Belgique
Tél.: 00 (32) 2523 97 07
Fax.: 00 (32) 2523 35 10
Site Web: **www.fbf-bff.be**

BRÉSIL
Associação Brasileira de Franchising
Av. das Nacoes Unidas, 10989
11th floor – 112 – Sao Paulo – Brésil
Tél.: 00 (55 11) 3814 4200
Fax.: 00 (55 11) 3817 5886
Site Web: **www.abf.com.br**

CANADA
Canadian Franchise Association
5399 Eglinton Avenue West Suite 116
Toronto – Ontario M9C 5K6 – Canada
Tél.: 00 (416) 695 2896 22
Fax: 00 (416) 695 1895
Site Web: **www.cfa.ca**

CHINE
Chinese Chain Store & Franchise Association
Room 811, 8th floor, Foreign Economic & Trade Plaza
N° 22 Fuchengmenwaï STR., Xichen District
Beijing P.R.100037 – Chine
Tél.: 00 (8610) 68784930/1
Fax: 00 (8610) 68784934
Site Web: **www.ccfa.org.cn**

CROATIE
Hrvatska Udruga Za Fransizno Poslovanje
Vodnikova 8 – 10000 Zagreb – Croatie
Tél.: 00385 (0) 1/4813177
Fax: 00385 (0) 1/4851526
Site Web: **udruga@fip.com.hr**

DANEMARK
Dansk Franchise Forening
Lyngbyvej 20
DK 2100 Kobenhavn – Danemark
Tél.: 00 (45) 39158282
Fax.: 00 (45) 39 15 80101
Site Web: **www.dk-franchise.dk**

ÉGYPTE
Egyptian Franchise Development Association
49 Al-Batal Ahmed
Abd El Aziz – Mohandessine
Le Caire – Égypte
Tél.: 00 (202) 346 43 06
Fax.: 00 (202) 345 82 92
Site Web: **www.efda.org.eg**

ÉQUATEUR
Ecuador Franchise Association (AEDEF)
Av. Diego de Almagio 2033 y Whymper
Edificio Torres Whymper, oficina 502
Quito D.M. – Équateur
Tél.: (593-2) 252 68 46
Site Web: **www.asofranquicias.com**
info@asofranquicias.com

ÉTATS-UNIS
International Franchise Association
1501 K Street, N.W. – Suite 350
Washington DC 20005 – États-Unis
Tél.: (202) 628 80 00
Fax: (202) 628 0812
Site Web: **www.franchise.org**

FINLANDE
Suomen Franchising Yhdistys ry
Lönnrotinkatu 22A2 – 00120 Helsinki – Finlande
Tél.: 00 (358) 9586 5847
Site Web: **www.franchising.fi**

GRANDE-BRETAGNE
British Franchise Association
Centurion Cour – Milton Park 85F – Abingdon – OX 14 4RY – Grande-Bretagne
Tél.: 00 (202) 01235 820470
Fax.: 00 (202) 01235 832158
Site Web: **http://thebfa.org**

GRÈCE

The franchise association of Greece
45 Voulis Str.
10557 Athens – Grèce
Tél.: 00 (30) 210324 72 18
Fax.: 00 (30) 210324 78 81
Site Web: **www.franchising.gr**

HONGRIE

Magyar Franchise Szövetség
POB 446
H1537 Budapest – Hongrie
Tél.: 00 (361) 212 41 24
Fax.: 00 (361) 212 57 12
Site Web: **www.franchise.hu**

HONGKONG

Hong-Kong Franchise Association
22/F Unit A United Centre
95 Queensway – Hong-Kong
Tél.: 00 (852) 25299229
Fax: 00 (852) 25279843
Site Web: **www.franchise.org.hk**

INDE

Franchising Association of India
3rd floor, Champion Building
15 Parsi Panchayat Road,
Andheri (E) Mumbai 40069 – Inde
Tél.: 00 (91 22) 677 27505
Fax.: 00 (91 22) 677 27447
Site Web: **www.fai.co.in**

ITALIE

Associazione italiana del Franchising
Via Melchiorre Gioia, 70
IT20125 Milano – Italie
Tél.: 0039022900 37 79
Fax.: 003902 6555 919
Site Web: **www.assofranchising.it**

JAPON

Japanese Association of Franchising
2nd Akiyama Building
Toranomon 3-6-2, Minato-ku
Tokyo 105-0001 – Japon
Tél.: 00 (813) 5777 8701
Fax: 00 (813) 5777 8711
Site Web: **http://jfa.jfa-fc.or.jp**

KAZAKHSTAN

Kazakhstan Franchise Association
Box 33 – 480008 Almaty – Kazakhsta
Tél.: 00 (32 72) 474771
Fax: 00 (32 72) 479160
Site Web: **www.franchising.kz**

MALAISIE

Malaysian Franchise Association
1st floor, Wisma Motor
339, Jalan Tuanku Abdul Rahmann
50100 Kuala Lumpur – Malaisie
Tél.: 00603-26971557
Fax: 00603-26971559
Site Web: **www.mfa.org.my**

MAROC

Fédération marocaine de la Franchise
Rue Aljounaïd, Résidence Elbeida,
entrée M, 3e étage, appt. 34
Casablanca – Maroc
Tél.: 00212 22485810
Fax: 00212 22485810
Site Web: **abelghiti@mcdomaroc.com**

MEXIQUE

Asociacion Mexicana De Franquicias
Insurgentes Sur 1783, #303
Col. Guadalupe Inn
1020 Mexico – Mexique
Tél.: 00 (52 5) 661 06 55
Fax: 00 (52 5) 663 24 34
Site Web: **ferenz@feherandfeher.com**

NOUVELLE-ZÉLANDE

Franchise Association of New Zealand Inc
Level 1, 339 Khyber Pass Road Newmarket 1023 – Auckland – Nouvelle-Zélande
Tél. : 00 (64 9) 523 4452
Fax : 00 (64 9) 523 4446
Site Web : **www.franchise.org.nz**

PAYS-BAS

Nederlandse Franchise Vereniging
Boomberglaan 12
NL 1 217 RR Hilversum – Pays-Bas
Tél. 00 (31) 35624 23 00
Fax. 00 (31) 35624 91 94
Site Web : **www.nfv.nl**

PHILIPPINES

Philippines Franchise Association
U. 701 One San Magnificent Mile
San Miguel Av. Ortigas Center
Pasig City – Philippines
Tél. : (63-2) 687 0365
Fax : (63-2) 687 0635
Site Web : **www.philippinefranchise association.com**

PORTUGAL

Associaçào Portuguesa Da Franchise
Sintra Business Park Edificio 1,2D
2710-089 Sintra – Portugal
Tél. : 00351 219112720
Fax : 00351 219112729
Site Web : **www.apfranchise.org**

RÉPUBLIQUE TCHÈQUE

Ceska Associace Franchisingu
Opletalova 6 – Budova Agropolu
110 00 Praha 1 – Rép. Tchèque
Tél. : 00420242444 509
Fax : 420242444935
Site Web : **www.czech-franchise.cz**

SINGAPOUR

Franchising and Licensing Association
32 Maxwell Road #02
14 Maxwell Chambers
SINGAPORE 069115 – Singapour
Tél. : 00 (65) 6333-0292
Fax : 00 (65) 6333-0962
Site Web : **www.flasingapore.org**

SLOVÉNIE

Sekcija za Fransizing
Dimiceva 13
SI-1504 Ljubljana – Slovénie
Tél. : 00 (386) 1 568 2 331
Fax. : 00 (386) 1 568 2 775
Site Web : **www.franchise-slovenia.net**

SUÈDE

Svenska Franchiseföreningen
Sofierogatan 3A
SE-412 51 Göteborg – Suède
Tél. : 00 (46 31) 40 55 10
Fax. : 00 (46 31) 81 10 72
Site Web : **www.franchiseforeningen.a.se**

SUISSE

Schweizer Franchise-Verband
Stockerstrasse 38
CH-8002 Zürich – Suisse
Tél. 00 (41 1) 208 25 55
Fax. : 00 (41 1) 208 25 26
Site Web : **www.franchiseverband.ch**

TAÏWAN

Taiwan Chain Stores and Franchise Association
4 F, N° 1807 Nanking East Road Section 4
Taipei – Taiwan
Tél. : 00 (886) 2 5796262
Fax : 00 (886) 2 5791176
Site Web : **www.tfca.org.tw**

TURQUIE
UFRAD
Adnan Kahvveci
N°78 Bahcelievier
Istanbul – Turquie
Tél. : 002124256151
Fax : 00 002124255759
Site Web : www.ufrad.org.tr

- **D'autres associations**

COLOMBIE

Asociacion Colombiana de Franquicias

Holguines Trade Center Car. 100
11-90 Torre Lili OF 606
Santiago de Cali – Colombie
Tél. : 00 (57) 2339-2163
Fax : 00 (57) 2339-2166
Mail : j.barragan@telesat. com.co

CHILI

Asociacion de Franchising de Chile
Hernando de Aquire 128
Office 904
Providencia Santiago – Chili
Tél. : 00 56 2 236 3622
Fax : 00 56 2264 9134
Mail : negocio@netline.cl

ESPAGNE

Asociacion Espanola de Franquiciadores
Avenida de las Ferias S/N
Apda. (POB) 476
46035 Valencia – Espagne
Tél. : 00 (34) 96386 11 23
Fax : 00 (34) 96363 61 11
Mail : aef@feriavalencia.com

URUGUAY
Asociation de Franchising del Uruguay
Av. 8 de Octubre 2688 7° #702
CP 11. 600
Montevideo – Uruguay
Tél. : 00598 2480 58 96
Mail : franquafu@adinet.com.uy

LIBAN
Association libanaise de la Franchise
Sanayeh, Chamber of Commerce bldg,
13th floor
Jal El Dib – Liban
Tél. : 00961 4723723
Fax : 00961 4723725
Mail : carbid@rectanglejaune.com

PAYS DU GOLFE ARABIQUE
Gulf Franchising Company
Sharq-Ahmed Al Jaber St
Al Dira Tower, 12 th Floor
Box 21839 – Safat 13079 – Kuwait
Tél. : 00 (965) 240 59 27
Fax : 00 (965) 789 5264
Mail : yasser@gfc.com.kw

RUSSIE
Russian Franchise Association
Shosse Entuziastov, 56
Str.32, Off. 482
111141 Moscow – Russie
Tél. : 00 (95) 780 5150
Fax : 00 (95) 780 5150
Mail : rusfranch@yandex.ru

SLOVAQUIE
Slovenska Franchisingova Asociacia
Dolnozemska cesta 1
852 35 Bratislava – Slovaquie
Tél. : 00421 (0) 905556972
Mail : sfa@sfa.sk

THAÏLANDE

Thailand Franchise Association

20/25 Seri Village
Onnui Sukhumvii 77
BKK10250 Pravate – Thaïlande
Tél. : 00662 321 5129
Fax : 00662 721 2795
Mail : fc_focus@bangkok.com

INDEX

Achevé d'imprimer en février 2011 par EMD S.A.S. (France)
N° éditeur : 2011/110 - Dépôt légal : février 2011
N° d'imprimeur : 24507